伝え続けたい「美味しっ！」のバトン

ばあちゃんの料理教室

伊達潮美（

光文社

はじめに

「ばあちゃんの料理教室」は、もともと私が息子に料理を教えたことから始まりました。

私が原因不明の病に倒れ、家事が思うようにできなくなったのを機に、息子に料理を伝えることになったのです。レシピの記録を兼ねてブログやSNSで発信してみたところ、「昔おばあちゃんに作ってもらったあの味が懐かしくなります」「お茶碗持って駆けつけたい」等々、たくさんの反響をいただき、寄せられた質問などに応えていくうちに、我が家の小さな台所は日本中、そして世界中から生徒さんが訪れる大きな「教室」となりました。

本書では、この教室でみなさんに大好評だったレシピや、我が家で長年作り続けた定番料理、家族に好評だったオリジナルメニューなどをご紹介しています。

みなさんにお伝えしたいのは、「まずは作ってみてください」ということ。挑戦したらきっと「美味しっ！」と思うはず。それが料理を好きになるきっかけとなればうれしいです。

「長崎のばあちゃん」こと伊達潮美

ばあちゃんってこんな人

結婚を機に料理をはじめ40年以上ごはん作りを続けています

九州にある、長崎県諫早（いさはや）市に住んでいます

元看護師。
働きながら2人の子どもを育て、
現在はじいちゃんこと夫の雅孝さん、
息子の高広さんと3人暮らし

ばあちゃんの料理7か条

その❶

食べることは生きること

昔、看護師だったこともあり、食を通じて家族に元気になってもらいたい！と思って日々のごはんを作ってきました。肉や魚だけでなく、野菜もたくさん食べられるように、調理法や味つけを工夫しています。

その❷

旬のものを使う

春はたけのこや新玉ねぎに新キャベツ、夏はなすやピーマン、寒くなってきたら大根や白菜などの根菜類…etc. 旬の食材はおいしいうえに栄養価が高く、しかも安い！ 積極的に食事に取り入れていきましょう。

その❸

丸ごといただきます！

包丁が苦手だから料理しないという方もいるようですが、キャベツを大ぶりに切って蒸し焼きにする。ピーマンを手でつぶして煮る。それも立派な料理。丸ごと食べることで食材の栄養も余すことなくとれます。

その❹

「美味しっ！」のために味見を

同じ食材でも、時期や生産地などによって大きさや味わいは微妙に違いますし、体調によって味覚も変わってきます。レシピはあくまでも参考程度に。味見して火の通し具合や味のかげんを確認するようにしましょう。

その5

調味料は入れる順番が大事

昔から言われる「料理はさ（砂糖）し（塩）す（酢）せ（しょうゆ）そ（みそ）」の順番を守ると、調味料の量が控えめでも、しっかりと味がしみ込みます。ちなみに酒と本みりんは砂糖と同時に（みりん風調味料は最後に入れます）。

九州しょうゆのはなし

我が家では通常のしょうゆよりも甘みの強い「九州しょうゆ」を使っているので、砂糖やみりんの量は控えめ。もしこの本のレシピだと甘みが足りないと感じたら、砂糖などを適宜足して調整してください。

その6

調味料は目分量！

料理を毎日続けていると、「しょうゆはボトルをぐるっとひと回しで約大さじ1」というふうに感覚で計れるようになって、料理がラクになります。ただ、慣れないうちは計量スプーンなどを使うほうが失敗なく作れます。

その7

道具のお手入れも忘れずに

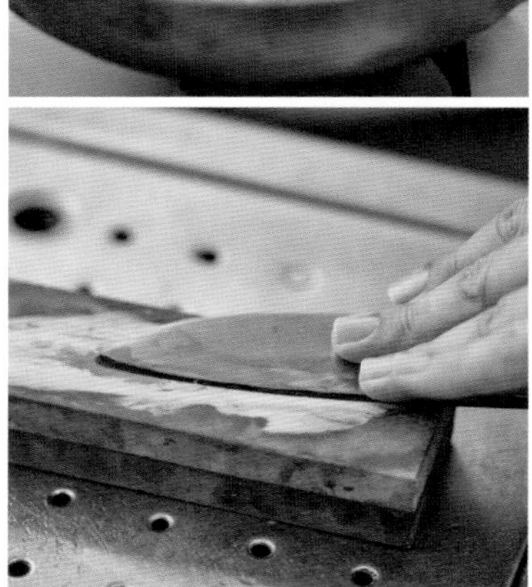

包丁の切れ味が悪くなってくると、仕上がりが悪くなるだけでなく、ムダな力が入ったり滑ったりしてケガの原因となることも。高級な包丁でなくてもよいので、使い慣れたものを定期的に研いで使いましょう。

この本の使い方

- 小さじ1＝5ml、大さじ1＝15ml、1カップ＝200mlです。
- 電子レンジは500Wを基本としています。600Wの場合は加熱時間を0.8倍にしてください。機種によって加熱時間に多少の差があるので、様子を見てかげんしてください。
- 野菜や果物は特に記載のない場合、洗う、皮をむく、種・ヘタをとるなどの下処理をすませてからの手順を説明しています。
- 作り方の火かげんは、特に表記のない場合、中火です。
- フライパンはフッ素樹脂加工のものを使用しています。
- はちみつを使用している料理については1歳未満の子どもに与えないでください。

家族が語る「ばあちゃん」が料理教室をはじめた理由

「はじめに」でも触れたとおり、「ばあちゃんの料理教室」が始まったきっかけは、「ばあちゃん」（私の母）が倒れたことでした。私にとっては母ですが、ＳＮＳでの愛称は「ばあちゃん」です。この教室の生徒第1号であり、その過程を見てきた息子の私から、これまでの歩みをお話しさせていただきます。

ある日、ばあちゃんが倒れた…！

２０１９年3月、ばあちゃんは突然倒れました。すぐに病院で検査を受けたものの、原因がわからないまま退院。後遺症として認知症のような記憶障害の症状が出て、それまでやっていた家事…買い物や掃除、洗濯、そして料理ができなくなりました。

今まで一緒に暮らしていたものの家事はばあちゃんにまかせっきり。急にそれを私と父で担うことになり、悪戦苦闘の日々となりました。その中で、今まで生活の大部分をばあちゃんに依存していたことに気づかされました。それなのにまったく感謝していなかったことも。

リハビリとして料理教室をスタート

幸い、ばあちゃんの意識が戻ってきたので、一緒に料理をすることを思い立ちました。料理は状況を判断し段取りを考えながら行動することが必要です。認知症のような症状のばあちゃんにとって、いいリハビリになるのではないかと思ったのです。そしてばあちゃんに教わった料理を、記録を兼ねてうちの家族で運営している会社のブログやSNSで発信することにしました。

せっかくなら我が家の味や思い出を残したいと思うと同時に、会社の仕事に組み込むことで、ばあちゃんに付き添う時間を増やせるのではないかと考えたのです。

すると次第にフォロワーの数が増え、ばあちゃんを前面に出して発信しては？とアドバイスされました。こうして「ばあちゃんの料理教室」が誕生しました。

ばあちゃんが一躍人気の先生に!?

ばあちゃんが小さな台所で料理を作っているだけのシンプルな動画ですが、ＹｏｕＴｕｂｅやインスタグラム、ＴｉｋＴｏｋなどのSNSで発信すると、「亡くなったおばあちゃんに会えるような気がしてうれしい」「毎晩、献立の参考にしています」…ｅｔｃ．たくさんの声が寄せられるようになりました。中には英語や韓国語、中国語、ロシア語、スペイン語など海外の方が書いたコメントも！

特にばあちゃんが味見のあとに「美味しっ！」というのが好きと言ってくださる方が多いのには驚きました。

２０２１年にはばあちゃんが日本の47都道府県で活躍するYouTubeクリエイター101人のうちの1人に選ばれ、メディアで紹介していただく機会も増えました。

転倒事故を乗り越え、つなげたい思い

こうした反響を喜んでいたばあちゃんはライブ配信などにも挑戦し、活動の幅を広げていきました。

ところが…２０２２年にばあちゃんが転倒する事故が何度か続き、しばらく料理などのリハビリを休んでいる間に足腰が弱ってしまいました。料理は再開できたものの、以前よりも長時間の撮影はむずかしくなり、私がサポートする場面も増えています。

それでも、ばあちゃんにはできるかぎり自分の頭で考え、自分の体を自在に動かし続けてほしいという私の気持ちは変わりません。1日でも長くこの教室を続けて、ばあちゃんから受け継いだ料理のバトンを、たくさんの方と共有して広げていければと願っています。

目次

プロローグ

みんなが「いいね!」したばあちゃんレシピベスト8

第1章

これ食べたかった! 定番の「おばあちゃん味」ごはん

第2章 家族も大好き ばあちゃんのオリジナル料理

第3章 ばあちゃんの知恵がつまった 季節の手仕事

有機
酸化防止剤無添加
北海道産生クリーム使用
フレッシュ
純乳脂肪
The CHEESE
内容量：180g

プロローグ

みんなが「いいね!」した ばあちゃんレシピベスト8

インスタグラムやTikTokなどいろいろなSNSで発信するようになって以来おかげさまで日本中、世界中の方から反響が来るようになりました。
ここでは特に「いいね!」をいただいた8つのレシピをご紹介します。

クリーミーなソースで
キャベツ半個がペロッと食べられます
海外からも大反響のレシピ

とろとろキャベツのチーズソース

いいね!
BEST 1

材料（2～3人分）

キャベツ…½個
バター…10g
ピザ用チーズ…100g
生クリーム…200ml
白ワイン、黒こしょう…各適量

作り方

❶キャベツを4等分に切る。フライパンにバターを熱し、切り口を下にして並べる。焼き色がつくまで焼き、裏返して同様に焼く。

❷白ワインを加え、ふたをして蒸し焼きにし、火が通ったら器に盛る。

❸②のフライパンにチーズと生クリームを入れ、とろみがつくまで煮詰める。

❹③を②にかけ、黒こしょうを振る。

oishi

ばあちゃんの教え

キャベツの代わりに
白菜½個で作っても
おいしいですよ。
そのほか、アスパラなど
ゆでた野菜に
チーズソースをかけても◎。

くたくた白菜も
ソースと
相性最高!

ワインを入れて香りづけ

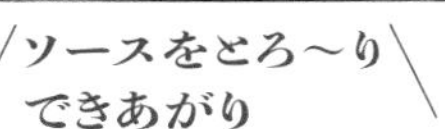

ソースをとろ～り
できあがり

チーズを
バサッと！

本日の献立

とろとろキャベツのチーズソース

自家製バジルソースパスタ↓P060

ポークソテー

たっぷりの油でなすを焼くととろとろの食感に！カルシウム豊富なしらすもプラス

なすとスナップえんどうの煮びたし

いいね！ BEST 2

材料（2～3人分）

なす…3本
スナップえんどう…8個
釜揚げしらす…30g
しょうが（包丁の背でつぶす）…1かけ
A
だし…250ml
しょうゆ、みりん…各大さじ3
砂糖…小さじ1
油…大さじ2
万能ねぎ（小口切り）…適量

だしはお好みのものでOK

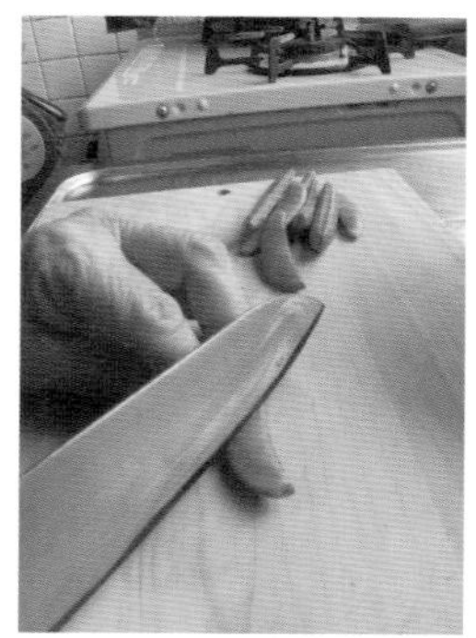

味がしみるように切り込みを

油多めがおいしい

作り方

❶なすは縦半分に切り、皮目に斜めに2〜3㎜幅の切り込みを入れ、さらに縦半分に切る。水にさらし、水けをふきとる。スナップえんどうは筋をとり、斜め半分に切る。

❷フライパンに油を引き、しょうがを入れて火にかける。泡が立ってきたら火を止め、なすの皮の部分を下にして並べ、再び火にかける。

❸全体に焼き目がつくまで返しながら焼き、まぜたAを入れる。スナップえんどう、しらすを加え、弱火で3分ほど煮る。器に盛り、万能ねぎを散らす。

ばあちゃんの教え

この煮びたしを
ゆでたそばにかけて、
大根おろしなどを
トッピングすると
ボリュームがアップ!
一皿でも
満足できますよ。

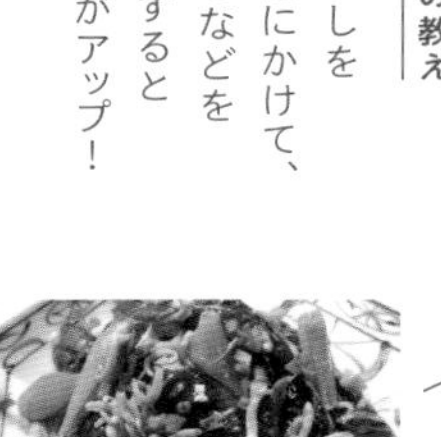

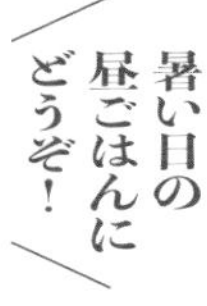

暑い日の
昼ごはんに
どうぞ!

本日の献立

なすと
スナップえんどうの
煮びたし
焼き魚
豆腐とかぼちゃの
みそ汁

蒸したてほかほか～

薄皮から身を押し出して

バターでコクをプラス

磯の香り×バター風味がやみつきに
ごはんのおかずにもよし
お酒のつまみにもよし

じゃがいもの明太焼きのりバター

いいね!
BEST 3

材料（2～3人分）

じゃがいも…2個
バター…10g
辛子明太子…70g
焼きのり…2枚～
（多めがおすすめ!）

本日の献立

じゃがいもの明太焼きのりバター
刺し身
舞茸とこんにゃくの煮物
豆腐と新玉ねぎのみそ汁

作り方

❶じゃがいもは皮つきのまま一口大に切り、蒸気の上がった蒸し器に入れてふたをし、10～15分蒸す。

❷じゃがいもがやわらかくなったら、熱いうちにバターとほぐした明太子を加えてあえる。

❸器に盛り、のりを一口大にちぎって散らす。

oishi

ばあちゃんの教え

せいろがなくても、折りたたみの蒸し器を手持ちの鍋と組み合わせればOK。蒸し上がったら金串などを刺して火が通っているか確認を。

蒸し器は100均でも売ってます！

かみなりこんにゃく

いためるときにパチパチ音がするのが
〝かみなり〟の由来
ピリ辛味でごはんのおともにぴったり

いいね！
BEST 4

材料（2〜3人分）

こんにゃく…200g
A｜砂糖、しょうゆ…各大さじ1強
　｜酒、みりん…各大さじ1
赤とうがらし…½本
ごま油…大さじ1
白すりごま（またはすりえごま）
…適量

ちぎると味がよくからみます

色もテリッといい感じ！

香ばしい風味を足して

作り方

❶こんにゃくは小さめの一口大にちぎる。赤とうがらしは種をとって小口切りにする。

❷フライパンにこんにゃくを入れて熱し、からいりする。水けがなくなったらごま油、赤とうがらしを加え、軽くいためる。Aを加えて汁けがなくなるまでいためる。

❸器に盛り、すりごまを振る。

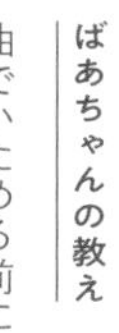

ばあちゃんの教え

油でいためる前にこんにゃくをからいりして、余分な水けを飛ばしましょう。油はねしにくくなり、味がしみ込みやすくなります。

水っぽさもなくなります!

本日の献立

かみなりこんにゃく
あじのみりん干し
蛇腹きゅうりの酢の物 ↓P067
豆腐ともやしのみそ汁

サクッと揚げたコーンにガリバタしょうゆをじゅわっ
子どもにも大好評のメニューです!

いいね!
BEST 5

とうもろこしのガリバタしょうゆ唐揚げ

材料(2~3人分)

とうもろこし…1本
A
しょうゆ、酒、みりん
…各大さじ2
砂糖…小さじ1
ハーブソルト(市販)…適量
おろしにんにく…小さじ½
バター…10g
小麦粉、かたくり粉、揚げ油
…各適量

作り方

❶とうもろこしを皮つきのままラップで包み、電子レンジで3分ほど加熱する。皮とひげをとり除き、長さを半分に切り、縦に4等分に切る。

❷ Aを耐熱容器に入れてまぜ合わせ、電子レンジで1分ほど加熱し、バターを入れて溶かす。

❸ ポリ袋に小麦粉とかたくり粉を1:1の割合で入れ、①を加えて振り、粉をまぶす。

❹ 揚げ油を熱し、菜ばしを入れて小さな泡が立ってきたら③を入れ、2分ほど揚げて油をきる。②を回しかけて味をからめる。

衣がサクッとなったら引き上げてOK

ばあちゃんの教え

oishi

きれいな揚げ色をつけようと長く揚げると、とうもろこしの粒が弾けてしまうことがあるので早めに引き上げるのがポイント。

最終的に8等分になります

皮をむくときは熱いので注意!

香ばしい匂いがたまらない!

本日の献立

とうもろこしの
ガリバタしょうゆ唐揚げ

世界一愛情を感じる
鶏の唐揚げ ↓P034

栄養満点
ひじきの煮物 ↓P065

なめこのみそ汁

家計にやさしいもやし&えのき
いつもは脇役の野菜だって
パンチのある味つけで主役の一品に

もやしとえのきだけのガリバタいため

材料（2～3人分）

もやし…150g
えのきだけ…1パック
にんにく…1かけ
バター…10g
塩、こしょう、しょうゆ
…各少々

にんにくの香りがふわっ

広げるようにいためると◎

余熱で火が通るからすぐ器へ

作り方

❶えのきだけは根元を切り落とし、もやしと同じ長さになるように切る。にんにくはせん切りにする。

❷フライパンにバター、にんにくを入れて熱し、香りが立ったらもやしとえのきだけを加えて強めの中火でさっといためる。

❸軽く火が通ったら塩、こしょうで味をととのえ、しょうゆを回しかける。

ばあちゃんの教え

ほぐれにくい
えのきだけの軸は、
まな板にのせて手のひらで
押しながら転がすと、
簡単に
バラバラになりますよ。

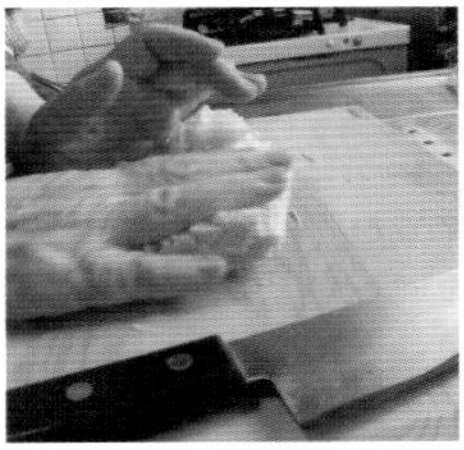

ほぐれていれば
いためるのもラク

本日の献立

もやしとえのきだけの
ガリバタいため

お手軽スピード
ぶり大根 ↓P046

かぼちゃと豚肉の
煮物 ↓P064

＼ごま油の風味をつけます／

＼水は材料が水面から少し出ている程度に／

＼時々ふたをとって様子を見て／

常備食材で簡単に作れるから
あともう一品、というときに便利
料理初心者さんにもおすすめです

懐かし味の厚揚げとねぎの煮物

いいね!
BEST 7

材料（2～3人分）

厚揚げ…250g
ねぎ…½本
しょうが…½かけ
ごま油…大さじ1

A
- 砂糖…大さじ½
- みりん、しょうゆ…各大さじ1
- 和風だしの素…小さじ½

本日の献立

懐かし味の
厚揚げとねぎの煮物
鮭の塩焼き
豆腐と大根と
レタスのみそ汁

ばあちゃんの教え

厚揚げに熱湯をかけて
余分な油分を
落とすのが
味しみのコツ。
煮ている途中で
ざっとまぜて、
全体に味をなじませて
あげましょう。

味しみ具合は
味見でチェック

作り方

❶厚揚げは熱湯を回しかけて油抜きをし、食べやすい大きさに切る。ねぎは斜め切りに、しょうがは薄切りにする。

❷鍋にごま油を熱し、しょうが、厚揚げ、ねぎを軽くいためる。

❸全体に油が回ったら、A、ひたひたにかぶる程度の水を加え、ふたをして弱火で煮汁が⅔～半量くらいになるまで煮る。厚揚げに味がしみたらできあがり。

新鮮なピーマンは種やワタも食べられるって知っていますか？
丸ごといただけるレシピを考えました

丸ごとピーマンのきんぴら

いいね！
BEST 8

材料（2～3人分）

ピーマン…2個
ごま油…適量
A ｜ 砂糖、酒、みりん、しょうゆ…各大さじ1
白すりごま（またはすりえごま）…適量

種とワタは栄養満点！捨てないで

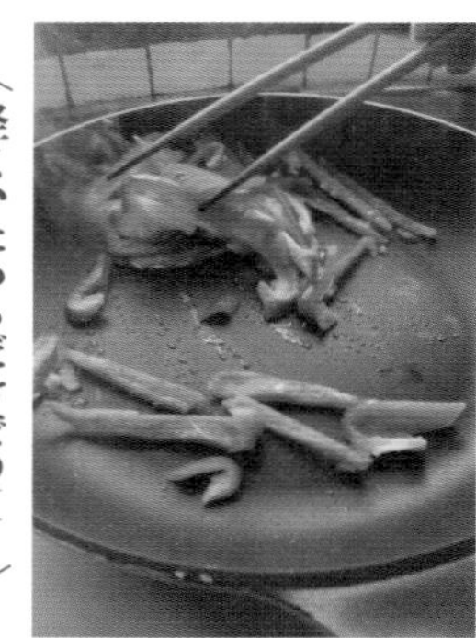

軽くいためるだけでOK！

ごまの風味がアクセントに

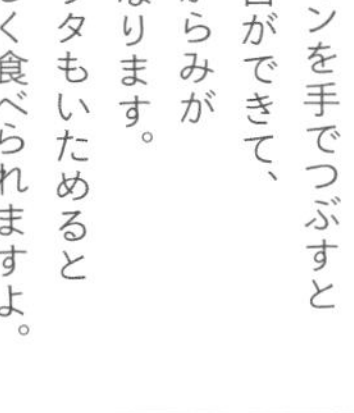

ばあちゃんの教え

ピーマンを手でつぶすと
裂け目ができて、
味のからみが
よくなります。
種やワタもいためると
おいしく食べられますよ。

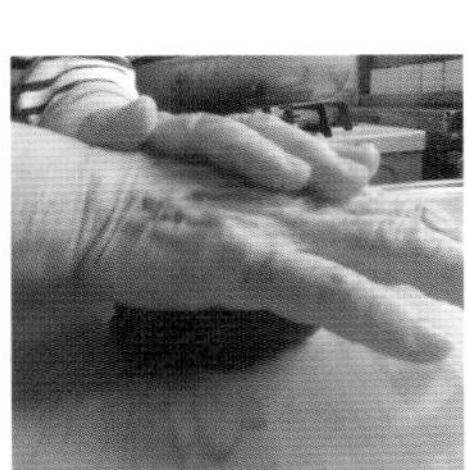

両手を当てて
ぐっとひと押し

作り方

❶ピーマンを手のひらで軽く押しつぶし、ヘタをとって細切りにする。

❷フライパンにごま油を熱し、①をいためる。軽くいためたらAを加え、汁けがなくなるまでいためる。

❸器に盛り、すりごまを振る。

本日の献立

丸ごとピーマンのきんぴら
豚ロースのミルフィーユかつ↓P076
わかめと玉ねぎのみそ汁

第1章

これ食べたかった！

定番の「おばあちゃん味」ごはん

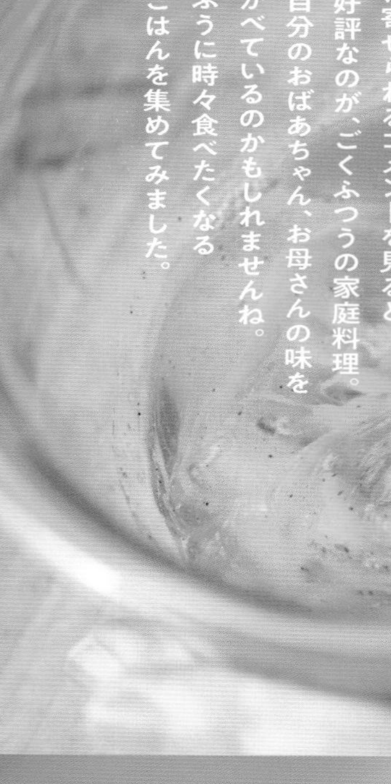

SNSに寄せられるコメントを見ると
意外に好評なのが、ごくふつうの家庭料理。
みんな自分のおばあちゃん、お母さんの味を
思い浮かべているのかもしれませんね。
そんなふうに時々食べたくなる
定番のごはんを集めてみました。

寒くなると食べたくなるほっこり煮物
アクをていねいにとると
雑味のないすっきりした味わいに

食べ飽きない基本の肉じゃが

材料（2～3人分）

牛薄切り肉…200g
じゃがいも…2個
にんじん…⅓本
玉ねぎ…1個
さやいんげん…1パック
油…大さじ1
A | 砂糖、酒、みりん、しょうゆ…各大さじ1
和風だしの素…小さじ½

作り方

❶ じゃがいも、にんじんは一口大に、玉ねぎはくし形に切る。さやいんげんは食べやすい長さに切る。

❷ 鍋に油を熱し、牛肉をいためる。色が変わったら玉ねぎ、にんじん、じゃがいもを加え、軽くいためる。

❸ 全体に油が回ったらひたひたになる程度の水（250～300㎖）を加えて沸騰させ、アクをていねいにとり除く。Aを加えて弱火にし、ふたをして10分ほど煮る。

❹ 野菜がやわらかくなったらさやいんげんを加え、火が通るまで煮る。

ばあちゃんの教え

10分ほど
コトコト煮たら、
煮汁の量をチェック。
水けが多い場合は
ふたをあけて
少し煮詰め、
水分を飛ばしましょう。

煮汁が⅔くらいになればOK

油の代わりに
牛脂でいためても◎

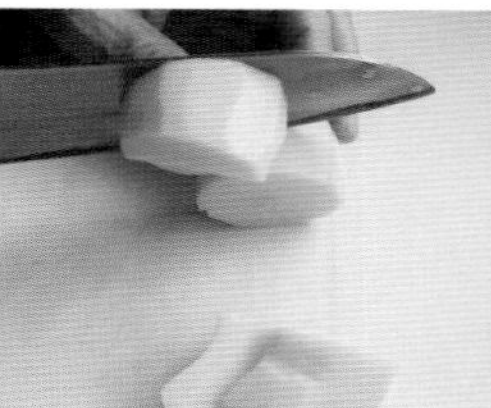

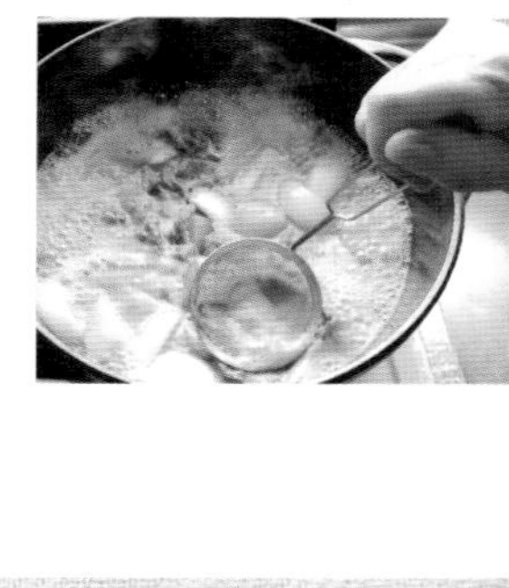

アク（白い泡）を
除くとクリアな
煮汁に

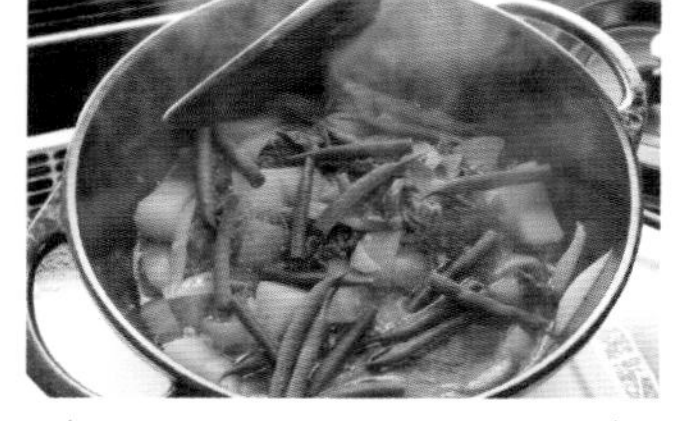

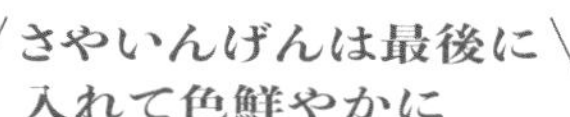

さやいんげんは最後に
入れて色鮮やかに

本日の献立

食べ飽きない
基本の肉じゃが
いかと小松菜のバター
しょうゆいため↓P088
豆腐とわかめの
みそ汁

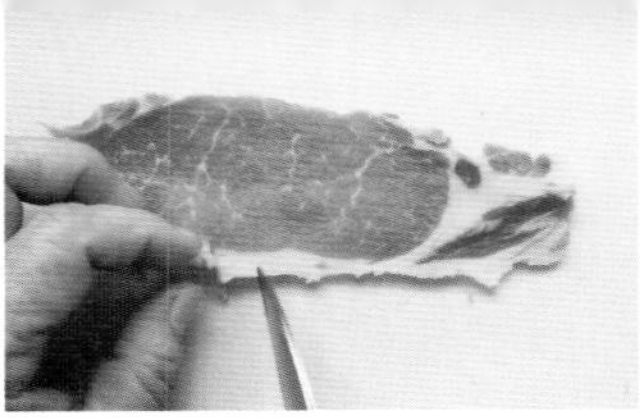

手で漬けだれを
肉によく
なじませて

焼いたときに肉が
縮むのを
防ぐために筋切りを

加熱しすぎるとかたくなるので
一度とり出します

本日の献立

豚のはちみつしょうが焼き

ばあちゃん直伝の卵焼き ↓P052

なすのみそ汁

豚のはちみつしょうが焼き

玉ねぎとはちみつ入りのたれには
肉をやわらかくする効果が！
ジューシーに焼きあげます

材料（2～3人分）

豚ロース肉（しょうが焼き用）…400g
ごま油…小さじ2
A
　しょうゆ…大さじ4
　みりん、酒、はちみつ…各大さじ2
　トマトケチャップ…小さじ2
　玉ねぎ（すりおろす）…½個分
　おろしにんにく、おろししょうが…各1かけ分
　こしょう…少々
キャベツのせん切り、トマトのくし形切り、マヨネーズ…各適量

作り方

❶豚肉の赤身と脂身の境目にある筋に数か所切り目を入れる（筋切り）。

❷ボウルにAをまぜ合わせ、①を入れて10分ほどおく。

❸フライパンにごま油を熱し、豚肉を広げて両面を焼く。焼き色がついたらいったんとり出す。

❹残ったAをフライパンに入れてとろみがつくまで煮詰め、豚肉を戻してからめる。器に盛り、キャベツ、トマト、マヨネーズを添える。

ばあちゃんの教え

ばあちゃんの住む
長崎県諫早市の
ブランド豚「諫美豚（かんびとん）」。
お米を食べて育ったから
甘みがあって
脂もすっきり。
おすすめですよ。

上等な
お肉を使うと
ごちそう感アップ

漬けだれに入れた
酒には臭み消し効果アリ

小麦粉を
なじませてから
かたくり粉を

二度揚げすると
油ぎれが
よくなります

本日の献立

世界一愛情を感じる
鶏の唐揚げ

とろっとおいしい
なすのいため煮 ↓P062

キャベツと油揚げの
みそ汁

食欲そそるガーリックジンジャー味
二度揚げする一手間で
外はカリッ、中はジューシーに！

世界一愛情を感じる鶏の唐揚げ

材料（2〜3人分）

鶏もも肉（唐揚げ用）…300g
A
- 塩、こしょう…各少々
- おろしにんにく、おろししょうが…各1かけ分
- 酒、しょうゆ…各大さじ2

小麦粉…大さじ4
かたくり粉…大さじ5
揚げ油、パセリ（あれば）…各適量

作り方

❶ボウルに鶏肉を入れて、A、水大さじ2を加えてもみ込み、30分ほどおく。

❷小麦粉を入れて全体にまぶし、かたくり粉を加えてまぜる。

❸鍋やフライパンに揚げ油を深さ2㎝ほど（鶏肉がかぶる程度）注ぎ、②を入れて熱する。薄く色づいたら裏返し、同様に色づいたらとり出す。

❹強火にして油の温度を上げ、菜ばしを入れて小さな泡が勢いよく上がってきたら③を入れる。30秒〜1分ほど揚げて濃いきつね色になったらとり出し、油をきる。器に盛って、あればパセリを添える。

ばあちゃんの教え

冷たい油に鶏肉を入れてから加熱してじっくり火を通すと、肉が縮まずやわらかい仕上がりに。表面だけが焦げる心配もなし。

油はねも少なくてすみますよ

チーズとろ～りチキンのトマト煮

鶏肉のうまみとトマトの酸味が楽しめるごちそう洋食
記念日やお祝いの日にもぴったり

材料（2～3人分）

鶏もも肉…1枚（300g）
しめじ…1パック
マッシュルーム…3個
玉ねぎ…½個
カットトマト缶…1缶（400g）
A
白ワイン…大さじ2
固形スープの素…½個
砂糖…小さじ1
ローリエ…1枚
塩、こしょう…各少々
バター…大さじ1
ピザ用チーズ、パセリのみじん切り…各適量

作り方

❶鶏肉を食べやすい大きさに切る。しめじは石づきを除いて小房に分ける。マッシュルームは縦半分に切る。玉ねぎは薄切りにする。

❷鍋にバターを入れて熱し、鶏肉をいためる。

❸全体に焼き色がついたらとり出し、玉ねぎ、しめじ、マッシュルームを入れ、あまりいじらず焼き色をつけるようにいためる。

❹鶏肉を鍋に戻し、カットトマト、Aを加え、ひと煮立ちしたら弱火で5分ほど煮る。塩、こしょうで味をととのえてチーズを散らし、火を止める。

❺器に盛り、パセリを散らす。

ばあちゃんの教え

野菜をいためるときにまぜすぎると温度が下がり、べちゃっとなるので注意。具材を広げればいじらなくてもムラなく火が通ります。

軽く上下を返す程度でOKです

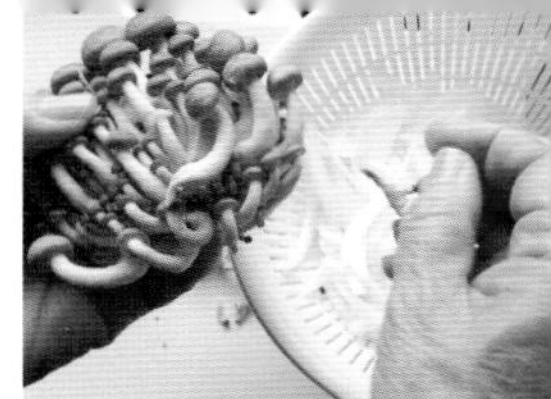

きのこは数種類
組み合わせると
味に深みが

チーズを入れて
コクまろ風味に！

トマトを煮込むと
酸味が
やわらぎます

本日の献立

チーズとろ~り
チキンのトマト煮

野菜たっぷり
マカロニサラダ →P066

卵液にくぐらせて
うまみをプラス

甘酢だれの酸味も
味のポイント

ゆで卵たっぷりがうれしい♪

本日の献立

チキン南蛮
自家製タルタル添え

蛇腹きゅうりの
酢の物 →P067

かぶとしめじの
みそ汁

宮崎の名物料理をおうちで再現！
サクッとした衣のチキンフライに
2種類のソースをかけていただきます

チキン南蛮 自家製タルタル添え

材料（2〜3人分）

鶏もも肉…1枚
塩、こしょう…各少々
米粉、揚げ油…各適量
溶き卵…1個分
A｜しょうゆ、砂糖、酢…各大さじ2
ゆで卵…1個
らっきょうの甘酢漬け
…3個（または玉ねぎ⅛個）
B｜マヨネーズ…大さじ4
はちみつ、塩、こしょう、
パセリのみじん切り…各少々
レモン汁（好みで）…小さじ½
キャベツのせん切り、
トマトのくし形切り、パセリ…各適量

作り方

❶鶏肉は一口大に切り、塩、こしょうを振る。米粉をまぶし、溶き卵にくぐらせる。

❷鍋やフライパンに揚げ油を深さ1㎝ほど入れて熱し、菜ばしを入れて小さな泡が立ってきたら①を入れ、きつね色になったら裏返して同様に揚げ、油をきる。

❸鍋にAを入れて煮立たせ、甘酢だれを作る。

❹ゆで卵とらっきょうはみじん切りにし、Bをまぜてタルタルソースを作る。
※らっきょうの代わりに玉ねぎを使う場合、みじん切りにした後で塩もみするか、電子レンジで1分ほど加熱する。

❺②を器に盛り、③と④をかけ、キャベツ、トマト、パセリを添える。

ばあちゃんの教え

米粉はダマになりにくく、薄くつけられるのでおすすめ。家にない場合は代わりに小麦粉やかたくり粉を使ってもOKです。

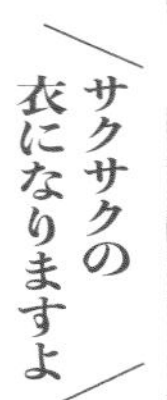

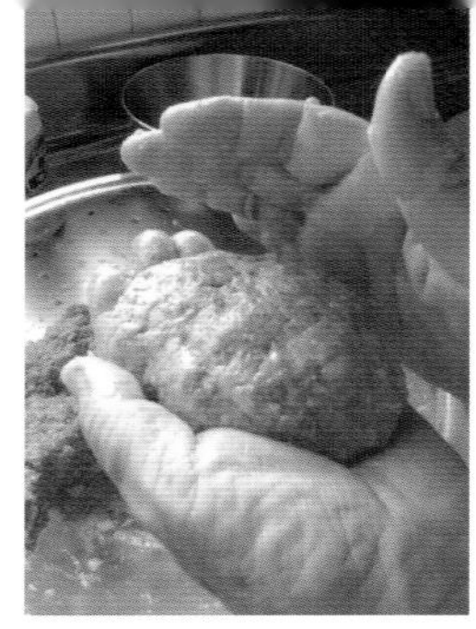

表面をなめらかにすると
肉汁の流出を防げます

豆腐の水分をパン粉が
吸ってふわふわ食感に

金串で刺して焼きあがりチェック

ふわふわ豆腐ハンバーグ

豆腐を入れてやわらか食感に！
だしで煮るとソースがいらないくらい
味がバッチリ決まります

材料（2〜3人分）

合いびき肉…400g
豆腐（絹ごしでも木綿でも）…⅓丁
パン粉…¼カップ
A
- 卵…1個
- 塩、こしょう…各適量
- ナツメグ…少々
- 固形スープの素…½個
- 玉ねぎのみじん切り…中¼個分

油…適量
和風だしの素…小さじ½
レタス、きゅうりの斜め薄切り、
トマトのくし形切り…各適量

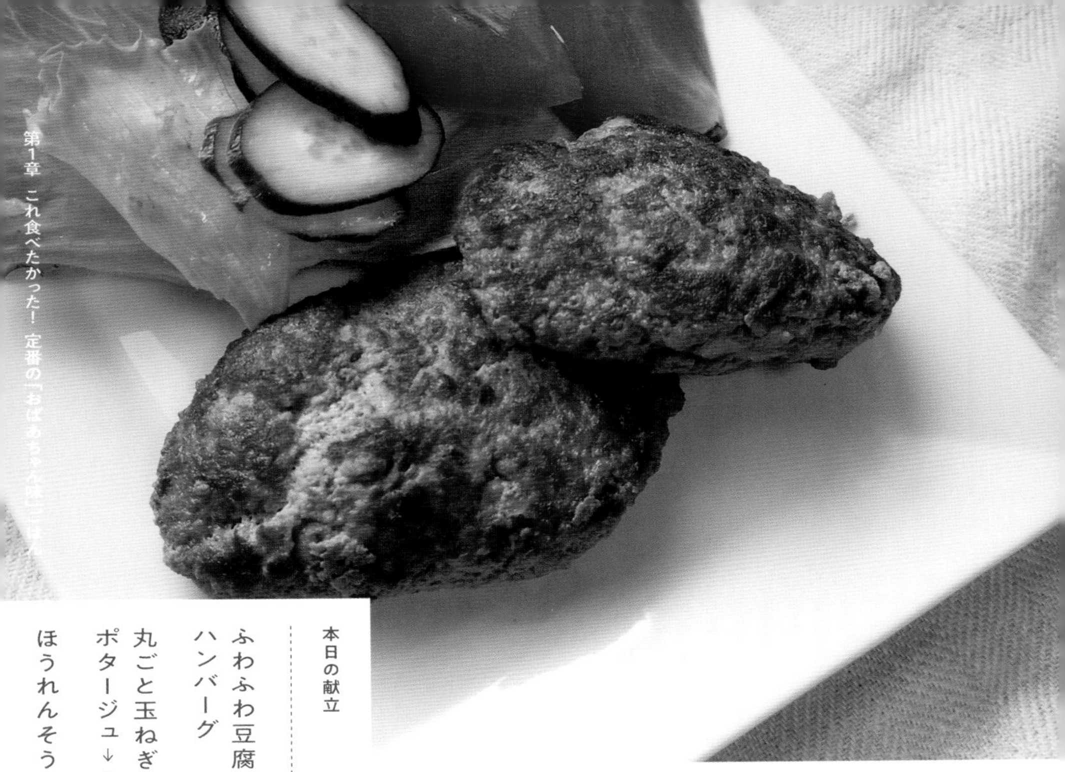

本日の献立

ふわふわ豆腐ハンバーグ
丸ごと玉ねぎのポタージュ↓P100
ほうれんそうのソテー

ばあちゃんの教え

「とろとろキャベツのチーズソース」（P12）のソースをこのハンバーグにかけて、洋風にアレンジしてもおいしいですよ。

チーズとハンバーグのハーモニーを楽しんで

作り方

❶ボウルに豆腐を入れ、泡立て器でなめらかになるまでまぜる。パン粉を加えてまぜ、水けを吸わせる。

❷ひき肉を加えて粘りが出るまでこね、Aを加えてまぜ合わせる。小判形にまとめて表面をなめらかにととのえる。

❸フライパンに油を熱して②を焼き、焼き目がついたら裏返して同様に焼く。

❹水1カップとだしの素を加え、煮立ったらふたをして弱火で煮る。中央に金串などを刺して透明な汁が出てきたら焼きあがり。器に盛り、レタス、きゅうり、トマトを添える。

あっさり和風ロールキャベツ

コンソメの代わりにだしで煮込んで
さっぱり風味に仕上げました
キャベツをパスタでとめると安全です

材料（8個分）

合いびき肉…230g
キャベツ…1個（8～16枚の葉を使用）
玉ねぎ…小½個
塩、こしょう…各適量
ベーコン…8枚
和風だしの素…小さじ1
油、パスタ…各適量

作り方

❶キャベツは葉をはがし、かたい芯の部分を切りとり、たっぷりの湯でさっとゆでる。芯の部分と玉ねぎはみじん切りにする。パスタをつまようじくらいの長さに折る。

❷フライパンに油を熱し、玉ねぎとキャベツの芯を軽くいためる。透き通ったら火を止め、あら熱をとる。

❸ボウルにひき肉と②、塩、こしょうを入れてよく練り、8等分にする。

❹キャベツを1～2枚広げて③をのせ、手前をひと巻きしてから両端を折り、残りを巻きつける。ベーコンを巻き、パスタで縫うようにとめる。

❺鍋に④を並べ入れ、ひたひたよりも少なめの水を注ぎ、だしの素を加えて火にかける。煮立ってきたら弱火にして20～25分煮込む。

ばあちゃんの教え

つまようじの代わりにパスタを使ってとめれば一緒に食べられるし安全。TikTokの視聴者の方に教えていただいたアイデア。

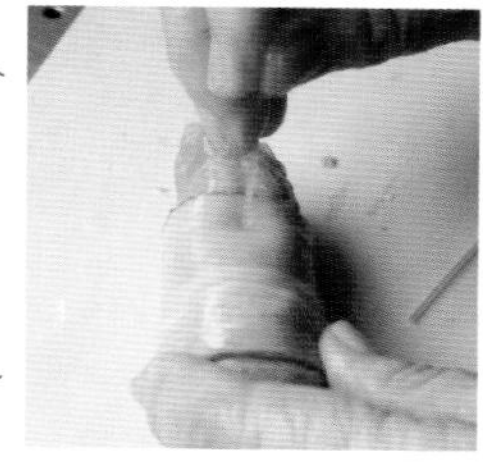

加熱中にパスタがふくらみしっかりとまる！

葉が小さければ
2枚をずらして重ねて

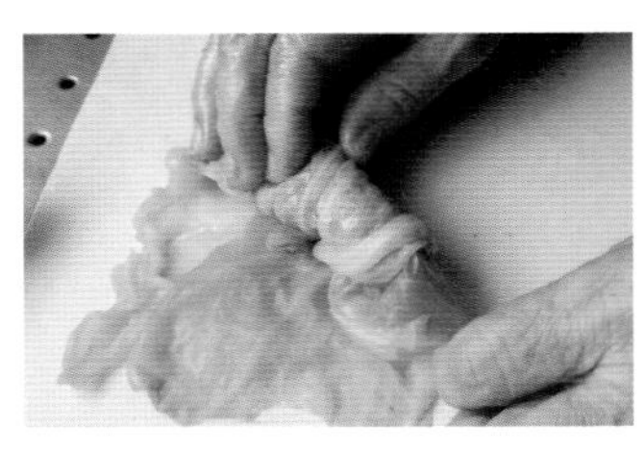

たるまないように
しっかり巻きます

隙間なく並べられる
サイズの鍋が◎

本日の献立

あっさり和風
ロールキャベツ
もやしと
えのきだけの
ガリバタ
いため ↓P022
じゃがいものみそ汁

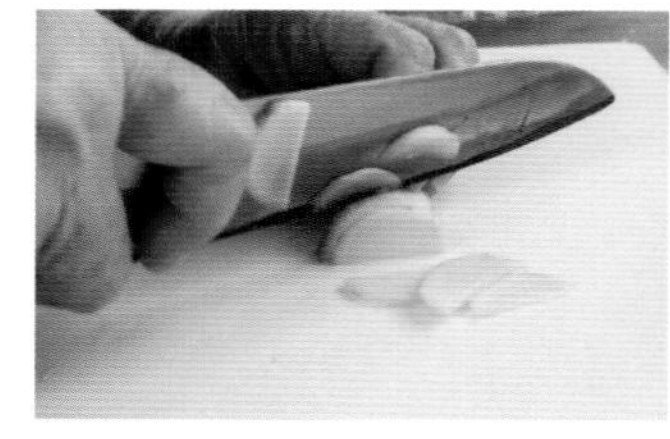

形が不揃いでも
同じ厚さならOK！

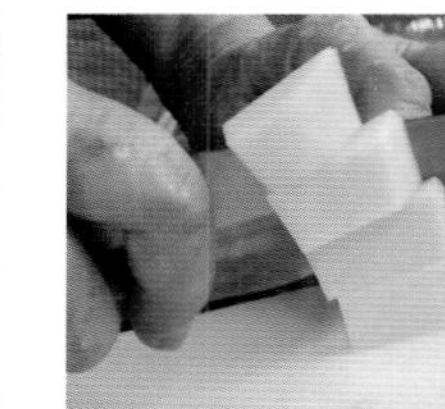

じゃがいもも魚も
おいしそうな色！

円形にしたアルミ箔の中央に
穴をあければ落としぶたに

本日の献立

カラスガレイの
しっとり煮付け
丸ごとピーマンの
きんぴら ↓P026
もやしとわかめの
みそ汁

ハードルが高そうな煮魚も
調味料の黄金比率を覚えて
切り身を使えば簡単に作れます

カラスガレイのしっとり煮付け

材料(2〜3人分)

カラスガレイ(切り身)…2〜3切れ
じゃがいも…½個
しょうが…1かけ
A | 砂糖、酒、みりん…各大さじ1
  | しょうゆ…大さじ1.5

作り方

❶じゃがいもは短冊切りや半月切りに、しょうがは薄切りにする。

❷鍋にカラスガレイを並べ、じゃがいも、しょうがをのせる。A、ひたひたにかぶる程度の水を加え、落としぶたをして強火で熱し、煮立ってきたら中火にして10分ほど煮る。

❸じゃがいもがやわらかくなったら、あればかぶの葉や青菜を加えて弱火にし、1〜2分ほど煮てカラスガレイに味がしみたらできあがり。

ばあちゃんの教え

煮ている間に
魚を動かすと
煮崩れしやすいので、
いじらないこと。
また、少し冷ますと
身が締まるので
盛り付けやすくなります。

冷ますことで
味がなじむ
効果も

お手軽スピード ぶり大根

じっくりコトコト煮込まなくても
味しみぶり大根が完成！
時間がない日バージョンの作り方です

材料（作りやすい分量・3～4人分）

ぶり（切り身）…3～4切れ
大根…¼～⅓本
しょうが…1かけ
A　砂糖、酒、みりん、しょうゆ
　　…各大さじ1.5

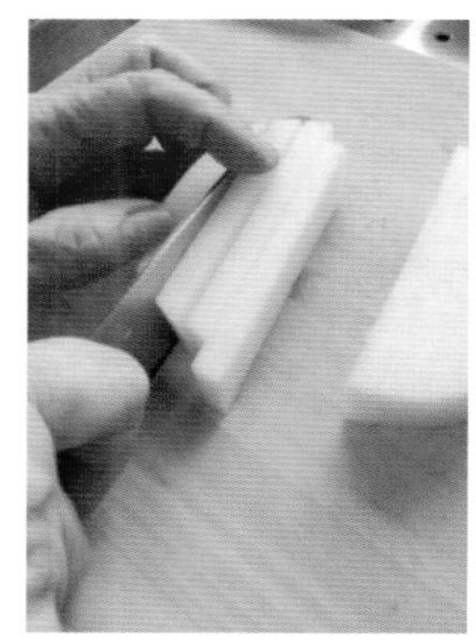

大根を薄く切ることで煮る時間を短縮

しょうがの香りも風味のポイント

アクをていねいにとると臭みなし！

本日の献立

お手軽スピード
ぶり大根
アボカドと卵黄の
みそ漬け↓P094
白菜の漬物
わかめと
えのきのみそ汁

作り方

❶大根は短冊切りに、しょうがは薄切りにする。

❷フライパンにぶり、大根を入れてしょうがを散らし、A、ひたひたにかぶる程度の水を加え、ふたをして煮る。煮立ってアクが出てきたらていねいにとり除く。

❸10〜15分ほど煮て、大根がやわらかくなり、ぶりに味がしみたらできあがり。味をみて薄ければ調味料を足す。

もし時間があるなら、基本の作り方にもぜひトライしてみましょう！

ていねいに作るなら

❶大根は2㎝厚さのいちょう切りにして、味がしみ込みやすいように切り込みを入れる。鍋に大根と米10g（分量外）、水を入れ、弱めの中火で10分ほどゆで、大根がやわらかくなったらざるにあげる。

❷ぶりに塩と酒各適量（分量外）を振って5〜10分おき、熱湯をかけて臭みをとる。

❸フライパンにぶり、大根、薄切りにしたしょうがを入れ、A、ひたひたにかぶる程度の水を加え、落としぶたをして煮る。煮立ったら弱火にして20分ほど煮る。

皮はカリッと香ばしく、身はしっとり！
ソースをつけるとまるでレストラン

さけのムニエル ほうれんそうクリームソース

材料（2人分）

生ざけ（切り身）…2切れ
塩、こしょう…各適量
小麦粉…大さじ2.5
ほうれんそう…½束
玉ねぎ…⅓個
牛乳…1カップ
固形スープの素…½個
オリーブ油…適量
バター…30g

作り方

❶生ざけに塩、こしょうを振って10分ほどおき、水けをふきとる。小麦粉大さじ1を身にまぶし、余分な粉ははたいて落とす。

❷フライパンにオリーブ油を引き、皮が下になるようにさけをのせる。弱火にかけて5分ほど焼き、さけから脂が出てきたらふきとる。皮目が焼けたら、上下を返して2分ほど焼く。

❸焼き目がついたら裏返してバター10gを加え、溶けたバターをスプーンで身にすくいかけながら焼く。焼き色がついたらとり出す。

❹ほうれんそうはさっとゆでて水けを絞り、3㎝幅に切る。玉ねぎは薄切りにし、小麦粉大さじ1.5をまぶす。

❺③のフライパンの汚れをふきとり、バター20g、玉ねぎを入れていためる。しんなりしたら牛乳と固形スープの素を加えて煮詰め、とろみがついたらほうれんそうを加えてまぜる。

❻器に③を盛り、⑤のソースをかける。

ばあちゃんの教え

熱したフライパンにさけを入れると、表面は焦げて中は生なんてことも。さけをフライパンにのせてから熱し、じっくり火を通します。

皮が下につかない場合は反対側を丸めたアルミ箔で支えて

／ここからソース作り！＼

／粉がつきすぎたら手で落として＼

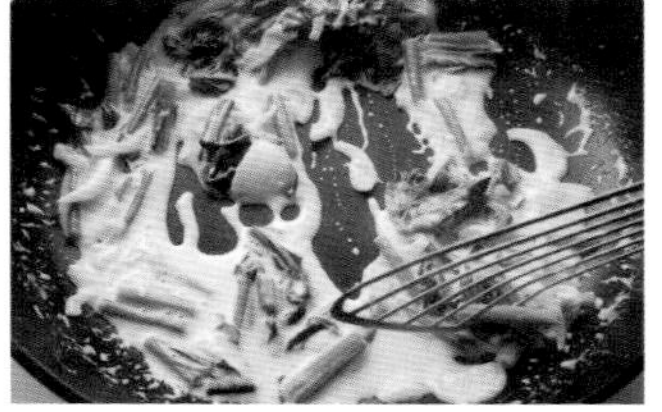

／とろ～りしてきたらOK＼

本日の献立

さけのムニエル
ほうれんそうクリームソース
野菜たっぷり
マカロニサラダ ↓P066
キャベツの焼きびたし ↓P104

上殻の貝柱を
切ると殻が開きます

火が通りやすいから
3分ほど
揚げればOK!

全部入れると油の温度が
下がるので数回に分けて

本日の献立

ふっくら牡蠣フライ

栄養満点
ひじきの煮物↓P065

白菜と油揚げの
みそ汁

ふっくら牡蠣フライ

牡蠣は地元・諫早の名物
新鮮な殻つき牡蠣を使えば揚げるだけで
最高のごちそうに

材料（2〜3人分）

殻つき牡蠣
（またはむき牡蠣／加熱調理用）
…8〜12個
小麦粉、パン粉、揚げ油、
キャベツのせん切り、トマトのくし形切り
…各適量
溶き卵…1〜2個分

作り方

❶殻つき牡蠣は殻の先端をハサミで切りとる。平らな面を上に、ふくらみのある面を下にして、隙間から牡蠣用のナイフの刃を差し込む。上殻の内側に沿わせてナイフを動かし、切り開く。下殻の貝柱を切り、身を外す。

❷牡蠣は塩水の中で振り洗いをしてひだの汚れやぬめりを落とし、キッチンペーパーで水けをしっかりとふく。

❸小麦粉、溶き卵、パン粉の順に衣をつける。

❹揚げ油を熱し、菜ばしを入れて小さな泡が勢いよく立ってきたら③を入れる。衣がこんがりと色づくまで揚げ、油をきる。器に盛り、キャベツやトマトを添える。

ばあちゃんの教え

牡蠣の身は
とてもやわらかく
つぶれやすいので、
気をつけて。
衣をつけるときも、
丸くまとめるように
まぶします。

ぎゅっと
握らないこと!

お弁当にもよく入っていた思い出の味
ちょっとしたコツで
ふわっとやわらかい仕上がりに

ばあちゃん直伝の卵焼き

材料（2～3人分）

卵…3個
塩、こしょう…各少々
油…適量
マヨネーズ（好みで）…適宜

菜ばしで卵を
折りたたむように
巻きます

マヨネーズも入れると
ふんわり感がアップ

卵焼きを少し持ち上げて
卵液を下へ

作り方

❶ボウルに卵を割り入れて溶きほぐし、塩、こしょう、好みでマヨネーズを加えてまぜる。

❷卵焼き器に油を熱し、卵液の1/3量を流し入れて焼く。半熟状になったら菜ばしで卵を巻く。

❸空いた場所に油を薄く引き、卵液の1/3量を流し入れる。卵焼きを少し持ち上げて卵液を下に行き渡らせ、固まってきたら卵を巻く。残りの卵液も同様に焼いて巻く。

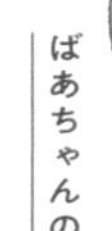

ばあちゃんの教え

ふわふわ卵焼きの
秘訣は予熱！
卵焼き器を
しっかり熱してから
卵液を入れます。
弱火で焼くと
ふくらみが悪いので
中火をキープ。

手をかざすと
熱気を
感じるまで
あたためて

本日の献立

ばあちゃん直伝の
卵焼き

大根と厚揚げと
鶏ひき肉の
とろとろ煮 ↓P086

あさりの
みそ汁 ↓P069

昔ながらのひき肉入りオムレツ

「昔よく作ってもらった」の声が続々
オムレツといえばかつてはコレでした
具がたっぷりで心もおなかも満足

材料（2人分）

卵…4個
A 塩、こしょう…各少々
和風だしの素…小さじ½
にんじん…⅕～¼本
玉ねぎ…½個
合いびき肉…200g
油…適量
塩、こしょう、和風だしの素…各少々
トマトケチャップ、ブロッコリー（ゆでる）、
ミニトマト…各適量

作り方

❶にんじんと玉ねぎはみじん切りにする。ボウルに卵を割りほぐし、Aを入れてまぜる。

❷フライパンに油を熱し、ひき肉をいためる。ひき肉の色が変わったら玉ねぎとにんじんを加え、火が通るまでいためる。塩、こしょう、和風だしの素で味をととのえ、とり出す。

❸フライパンをきれいにして油を熱し、卵液の½量を流し入れて広げる。半熟状になったら火を止め、手前に②の½量をのせる。向こう側から手前へ卵を折りたたんで具にかぶせ、形をととのえて器に盛る。もう1個も同様に焼く。

❹ケチャップをかけ、ブロッコリー、ミニトマトを添える。

ばあちゃんの教え

オムレツをひっくり返して器に盛ると崩れてしまうことも。器を横に置いてフライパンからずらすように移すと失敗しませんよ。

フライ返しで移せばかんたん

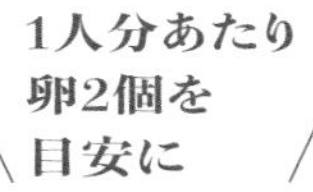

1人分あたり
卵2個を
目安に

ぱたんと
折りたためば
OK

端を軽く押さえて
形をととのえます

本日の献立

昔ながらの
ひき肉入りオムレツ
丸ごとピーマンの
きんぴら ↓P026
オクラとかぼちゃの
みそ汁

だしを
きちんととると
上品な味わいに

木の芽があると
見た目も
風味も◎

たけのこの香りが
たまりません！

鍋みたいだけど
バーミキュラの
炊飯器なんです

本日の献立

具だくさんの
たけのこごはん
刺し身
キャベツの
焼きびたし ↓P104
わかめと玉ねぎの
みそ汁

春になったら食べたい旬の味
鶏肉や油揚げのうまみを足して
食べごたえもアップしました

具だくさんのたけのこごはん

材料(2合分)

米…2合
たけのこ(水煮)…250g
しめじ…½パック
鶏もも肉…50g
油揚げ…30g
A だし…340ml
　 酒、みりん…各大さじ1
　 しょうゆ…大さじ1.5
木の芽(あれば)…適宜

作り方

❶米は洗ってざるにあげる。

❷たけのこはいちょう切りにする。しめじは石づきを除いて小房に分ける。鶏肉は1cm角に切る。油揚げは熱湯を回しかけて油抜きをし、あらみじん切りにする。

❸炊飯器に米とAを入れてまぜ、たけのこ、しめじ、鶏肉、油揚げをのせ、普通に炊く。

❹炊きあがったらさっくりとまぜて器に盛り、あれば木の芽をのせる。

ばあちゃんの教え

炊きあがったらしゃもじで
十字に切り込みを入れ、
底から
ひっくり返すように
ほぐすと余分な
水分が飛び、
べちゃっとしません。

ほぐしの一手間が仕上がりの差に

ケチャップを煮詰めて
味にコクを出すのがポイント
薄焼き卵で包んでオムライスにしても

定番 チキンライス

材料（2～3人分）

鶏もも肉…100g
玉ねぎ…½個
ピーマン…1個
マッシュルーム…3個
バター…10g
塩、こしょう…各少々
トマトケチャップ…110ml
ウスターソース…小さじ1
あたたかいごはん…600g
パセリ、ミニトマト…各適量

作り方

❶鶏肉、玉ねぎ、ピーマンは1㎝角に切る。マッシュルームは薄切りにする。

❷フライパンにバターを熱し、鶏肉をいため、塩、こしょうを振る。火が通ったら玉ねぎを加え、いためる。玉ねぎが透き通ってきたらピーマンとマッシュルームを加える。

❸いためた具材をフライパンの端に寄せ、空いた場所にケチャップを入れて煮詰める。酸味が飛んで香りが立ってきたらウスターソースを加えてまぜ、具材をまぜ合わせる。

❹ごはんを入れて全体をいため合わせる。器に盛り、パセリ、ミニトマトを添える。

ばあちゃんの教え

細かくカットされている鶏肉を使うと手軽。皮つきの鶏肉なら丸のまま焼いてから小さく切って入れるとより香ばしさが楽しめます。

忙しい日は
カット済みが便利

火の通りにくい順に
いためます

ケチャップを煮詰めると
味がまろやかに

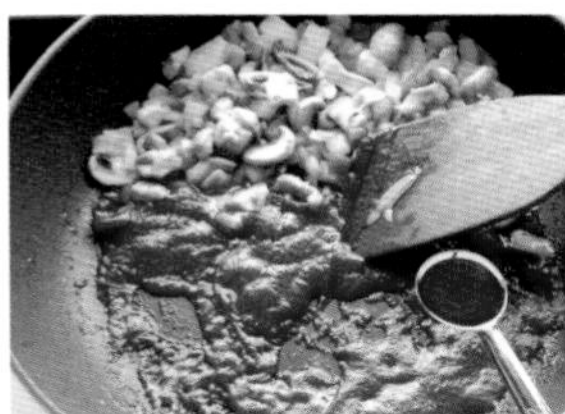

ケチャップが行き渡ったら
できあがり

本日の献立

定番 チキンライス

丸ごと玉ねぎの
ポタージュ↓P100

とれたてバジルを
使うと香りも新鮮！

ゆで汁も加えると
ソースが麺と
なじみます

麺がゆであがる前に
ソースを完成させて

本日の献立

自家製
バジルソースパスタ
カリッとハッシュド
長芋チーズ↓P107
トマトサラダ

かんたんなのに本格的な味！
我が家の庭の畑で収穫した、フレッシュバジルで作りました

自家製バジルソースパスタ

材料（2人分）

スパゲッティ…200g
ベーコン（細切り）…40g
バジルソース…大さじ4
オリーブ油…大さじ1
塩、こしょう、バジルの葉（あれば）…各適量

バジルソース
（作りやすい分量）
バジル…25g
にんにく…1かけ
A
- オリーブ油…60ml
- 粉チーズ…大さじ2
- 塩…小さじ½

作り方

❶バジルソースを作る。バジルをさっと洗い、水けをしっかりときる。にんにくはあらみじん切りにする。ミキサーにバジル、にんにく、Aを入れて攪拌する。

❷スパゲッティを袋の表示どおりにゆでる。

❸フライパンにオリーブ油を熱し、ベーコンをいためる。焼き色がついたらバジルソースを加えて軽くまぜる。

❹②のゆで汁少々と湯をきったスパゲッティを③に加え、ソースを全体にからめる。味をみて足りなければ塩、こしょうでととのえる。器に盛り、あればバジルの葉を飾る。

＊バジルソースは清潔な保存びんに入れ、表面を覆うくらいのオリーブ油を注いでふたをすれば、冷蔵室で1週間ほど保存可能。

oishi

ばあちゃんの教え

バジルソースが余ったら、フランスパンに塗るとおしゃれなおつまみに。野菜とあえたり、肉料理のソースにしてもいいですね。

バジルの香りがワインにぴったり

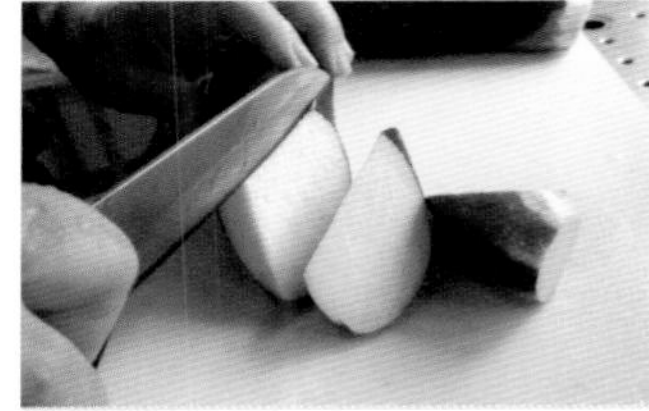

水にさらしてアクを抜きます

なすは油を
吸うので
多めに入れて

しんなり
やわらかくなったら
できあがり

本日の献立

とろっとおいしい
なすのいため煮
焼き塩さば
わかめと豆腐の
みそ汁

ばあちゃんの得意料理！
献立に困ったときはこれを作ります
油を吸ったなすはとろけるような食感

とろっとおいしいなすのいため煮

材料（2〜3人分）

なす…2本
A｜砂糖…大さじ2弱
　｜みりん…大さじ1
　｜しょうゆ…大さじ1.5
油…適量（多めがおいしい）
万能ねぎ（小口切り）…適量

作り方

❶なすは一口大の乱切りにして水にさらし、水けをきる。

❷フライパンに油を熱し、なすをいためる。油が全体に回ったらAを加え、ふたをして弱火にし、やわらかくなるまで煮る。

❸器に盛り、万能ねぎを散らす。

ばあちゃんの教え

乱切りとは、野菜を回して切り口の面を変えながら斜めに包丁を入れる切り方。形はバラバラでも大きさを揃えることが大事です。

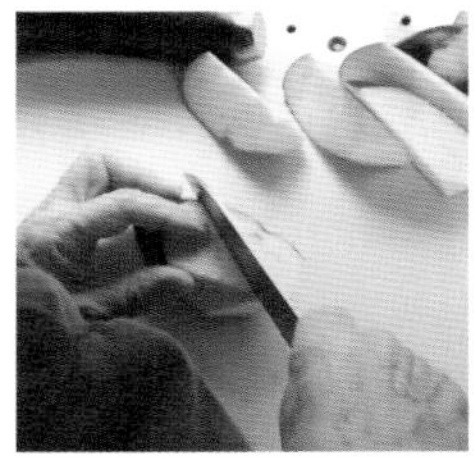

切り口が大きいから火が通りやすい！

かぼちゃと豚肉の煮物

豚肉と玉ねぎを加えておかず感をアップ

材料（2～3人分）

かぼちゃ…1/8個
砂糖…大さじ1
玉ねぎ…1/3個
豚薄切り肉…100g
油…適量
A　みりん、酒、しょうゆ…各大さじ1
　　和風だしの素…小さじ1

作り方

❶かぼちゃは種とワタを除いて、2～3㎝角に切る。砂糖をまぶして10分ほどおき、水分を出す。玉ねぎは薄切りにする。豚肉は食べやすく切る。

❷フライパンに油を熱し、豚肉をいためる。豚肉の色が変わったら玉ねぎを入れてしんなりするまでいため、かぼちゃを加えてまぜる。

❸A、ひたひたよりも少なめの水を加え、ふたをしてかぼちゃがやわらかくなるまで10分ほど煮る。

❹ふたをあけて余分な煮汁を飛ばし、かぼちゃがほっくりするまで煮る。

ばあちゃんの教え

かぼちゃに砂糖をまぶして少しおくと浸透圧で水分が出て、ほっくりとした食感に仕上がります。うまみが凝縮される効果も。

常備菜にもぴったり！ 副菜の定番

栄養満点 ひじきの煮物

材料（2〜3人分）

ひじき（生）…150g
にんじん…¼本
さやいんげん…5本
油揚げ…2枚
大豆（水煮または
　ドライパック）…120g
油…適量
A
　砂糖、みりん
　　…各大さじ1
　しょうゆ
　　…大さじ1.5
　和風だしの素
　　…小さじ1

作り方

❶ひじきはさっと洗って水けをきる。にんじんはせん切りにし、さやいんげんは食べやすい長さに切る。油揚げは熱湯を回しかけて油抜きをし、細切りにする。

❷フライパンに油を熱し、ひじきを軽くいためる。にんじん、油揚げ、大豆を加え、さっといためる。

❸A、ひたひたにかぶる程度の水を加えて煮立たせ、ふたをして弱火で煮る。ふたをあけ、煮汁がほとんどなくなり、にんじんがやわらかくなったらさやいんげんを加え、軽く火が通るまで煮る。

ばあちゃんの教え

そのままおかずにしてもいいですし、ごはんやおにぎり、豆腐ハンバーグにまぜ込んででも。多めに作っておくと重宝する一品です。

しっとりマヨ風味がうれしい、実家の味

野菜たっぷりマカロニサラダ

材料（2～3人分）

マカロニ…100g
玉ねぎ…¼個
にんじん…⅓本
きゅうり…½本
ハム…4枚
塩、こしょう…各少々
マヨネーズ、オリーブ油…各適量

作り方

❶マカロニを袋の表示どおりにゆで、オリーブ油をからめる。

❷玉ねぎを繊維に沿って薄切りにする。にんじんはマカロニと同じ長さになるように縦に切ってせん切りにする。ともに耐熱容器に入れてラップをふんわりかけ、電子レンジで1分30秒～2分ほど加熱する。

❸きゅうりを輪切りに、ハムを細切りにする。

❹ボウルに①、②、③を入れ、塩、こしょう、マヨネーズを加えてまぜる。

ばあちゃんの教え

にんじんと玉ねぎをレンチンすると、かさが減ってたっぷり入れられます。水分が出たらよく絞ってからボウルに入れましょう。

細かく切り込みを入れると味がよくなじみます

蛇腹（じゃばら）きゅうりの酢の物

材料（2〜3人分）

きゅうり…1本
塩昆布…適量
赤とうがらし…1本
A　砂糖、しょうゆ…各大さじ1強〜2
　　酢…大さじ1〜2

作り方

❶きゅうりは両端を切り落とす。割りばしで挟んで置き、斜めに1㎜幅の切り込みを入れる。裏返して、同様に切り込みを入れる。

❷ジッパーつきの保存袋にAを入れ、砂糖が溶けるまでよくまぜる。

❸①と塩昆布、小口切りにした赤とうがらしを②に入れて漬け込み、冷蔵室に1時間ほどおく。

ばあちゃんの教え

むずかしそうな
蛇腹切りも、
割りばしを使えば
失敗なくできます。
盛り付けるときに
切れ目が見えるように
ひねると映えますよ。

だしをていねいにとるとしみじみおいしい

豆腐と油揚げのみそ汁

材料（2〜3人分）

豆腐…½丁
油揚げ…½枚
好みのみそ…大さじ2
万能ねぎ（小口切り）
…適量
A
昆布（10cm角）…1枚
いりこ…大7尾
干ししいたけ
（スライス）…10枚

作り方

❶だしをとる。鍋にA、水600mlを入れて熱し、ひと煮立ちしたら少し火を弱めて10分ほど煮る。火を止めてAをとり出す。

❷油揚げは熱湯を回しかけて油抜きをする。油揚げ、豆腐は食べやすい大きさに切る。

❸①に②を入れて火にかけ、煮立ったら火を止めてみそを溶き入れる。器に盛り、万能ねぎを散らす。

＊だしのとり方を覚えれば、ほかの具材でも応用可能。旬の食材を入れたり、冷蔵室の余っている食材を入れたり、バリエーションはいっぱい。

ばあちゃんの教え

味わいの異なるみそを
2種類以上まぜると
風味がより豊かに。
我が家では、
あわせみそと
えごまみそを
まぜて使っています。

貝のだしも加わってうまみたっぷり！

あさりのみそ汁

材料（2〜3人分）

あさり…1パック
好みのみそ…大さじ2
万能ねぎ（小口切り）…適量
A 昆布（10㎝角）…1枚
A いりこ…大7尾
A 干ししいたけ（スライス）…10枚

作り方

❶ あさりは海水程度の塩水（3%）につけ、暗い場所に1〜2時間おいて砂抜きをする。流水で殻と殻をこすり合わせて洗う。

❷ 鍋にA、水600㎖を入れて熱し、ひと煮立ちしたら少し火を弱めて10分ほど煮る。火を止めてAをとり出す。

❸ あさりを入れて火にかけ、口が開いたら火を止めてみそを溶き入れる。器に盛り、万能ねぎを散らす。

ばあちゃんの教え

あさりを
砂抜きするときは
ざるに入れてから
塩水につけましょう。
あさりが一度吐いた
砂を再び吸うのを
防ぐことができます。

実録！ばあちゃんの料理教室の舞台裏

「ザクッザクッ」「ジュワー」「クツクツ」…。キャベツを切ったり、フライパンで焼いたり、ソースを煮込んだり。ちょっとレトロな木枠の窓から夕方の光が差し込む台所に、ばあちゃんが料理をする音が響きます。

「じゃあ次はキャベツを焼いて」「そこで火を止めても大丈夫」。料理の工程を撮影している息子の高広さんは、ばあちゃんの様子を見守りながら時折声をかけます。

ソースの煮詰め具合を見ていたばあちゃんが「そろそろいいかな」とつぶやいて味見タイム。「うん、美味しっ！」。おなじみの一言が出たところで、この日の撮影は終了となりました。

ばあちゃんが安全に料理するために

何気ない日常の1シーンを切り取っているような「ばあちゃんの料理教室」ですが、体の不自由なばあちゃんが安全に料理できるように、事前の段取り決めが大切になります。

ばあちゃんが昔から作っている料理や、最近話題となっている

ばあちゃんと相談しながら
レシピを作成。
誰でも作れるように
スーパーで買える材料や調味料を
使うようにしているのだそう。

フォロワーの方が
調理工程をイメージしやすいように、
角度を変えたりアップにしたり…
工夫しながら撮影を進めていきます。

食材や調理法を使った料理…etc. 普段から家族で何を作ろうかと話し合ってレシピを作成。フォロワーの方からのコメントをヒントにレシピを考えることもよくあるのだそう。

撮影前日に買い出しに行ってメニューを確定。レシピをもとに段取りや調理道具をチェックし、ようやく撮影を開始します。

「それでもばあちゃんは段取りを忘れることがよくあって、次はどうだったっけ?と聞いてくるんです」

「最初は私が教えていたのに、今では息子に教わることも多いです。でも前よりも話をすることが増えましたね。夕方一緒に買い物に行く時間がとっても楽しみなんです」

料理は家族のコミュニケーションも増やしてくれたようです。

みんなからの「いいね!」がばあちゃんのパワー

フォロワーの方からのコメントなども、高広さんからばあちゃんへ伝えられています。

「ライブ配信で300人も見ているよ、なんて聞くと、普通に料理しているだけなのにいいのかな?と思うんですよ」

と笑うばあちゃん。昔のように動けなくてもどかしいときもあるけれど、その反響がやりがいになっているのだと言います。

「人の言葉ってすごいですね。ほめられると自分も舞い上がる。うれしくなって、また明日も料理しようと思えるんです」

撮影後は、
高広さんが空いた時間を使って
動画の編集を行い、
スケジュールを組んで
ブログやSNSにアップします。

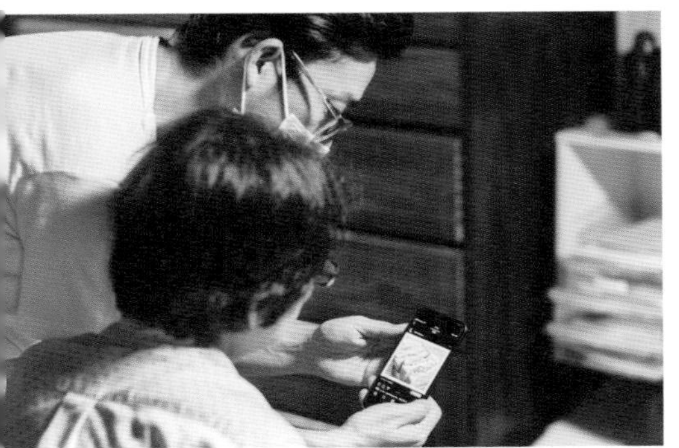

フォロワーの方からのコメントを見るばあちゃん。
質問や作った感想などが寄せられ、
あたたかな交流の輪が広がっています。

第2章

家族も大好き ばあちゃんのオリジナル料理

ばあちゃんがずっと作り続けている料理から
最近チャレンジした新メニューまで
家族に好評だったごはんを大公開!
「今日は何を作ろうかな…?」と
みなさんが迷ったときに
我が家の食卓が参考になればうれしいです。

コクまろチーズ牛丼

とろけるチーズが肉とからみ
濃厚かつまろやかに
育ち盛りのお子さんにも好評です

材料（2〜3人分）

牛切り落とし肉…180g
玉ねぎ…½個
A
砂糖、しょうゆ…各大さじ2.5
酒、みりん…各大さじ1.5
和風だしの素…小さじ½
油、ピザ用チーズ、あたたかいごはん、紅しょうが…各適量

作り方

❶玉ねぎはくし形に切る。

❷鍋に油を熱して牛肉を軽くいため、玉ねぎを加えてさらにいためる。牛肉の色が変わったら火を止めて、A、水150mlを加える。

❸再び火にかけ、アクをとりながら8〜10分ほど煮込む。味がしみたら火を止め、ピザ用チーズをのせてふたをし、余熱で火を通す。

❹チーズが溶けたら器に盛ったごはんにかけ、紅しょうがを添える。

ばあちゃんの教え

アクはほうっておくと鍋にこびりついてしまうので、こまめにとること。網状のたまじゃくしがあると効率よくとれます。

アクをとれば見た目も味もアップ

肉の表面を焼いて
うまみを閉じ込めます

名脇役・紅しょうが
はぜひのせて

味見して
煮込み具合を
チェック

本日の献立

コクまろチーズ牛丼
野菜の浅漬け
キャベツと
玉ねぎのみそ汁

豚ロースのミルフィーユかつ

薄切り肉で作るからやわらかい！
歯が弱い方でもラクに食べられます
短時間で揚がるのもうれしい

材料（2～3人分）

豚ロース薄切り肉…12枚
溶き卵…1個分
塩、こしょう、小麦粉、パン粉、揚げ油、
　レタス、トマトのくし形切り…各適量

塩、こしょうで
下味を

崩れやすいからあまりいじらないで！

薄切り肉なので数分
程度で火が通ります

ばあちゃんの教え

加熱して筋が縮むと、肉がそり返ったり縮んだりする原因に。筋に対して垂直に包丁を入れて筋切りすることで、それを防ぎます。

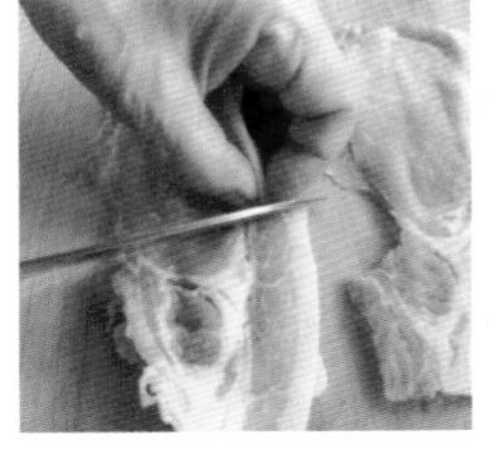

包丁の先で刺すように切ります

作り方

❶豚肉を3～4枚重ね、赤身と脂身の境目にある筋に数か所切り目を入れ、筋切りをする。塩、こしょうを振る。

❷小麦粉、溶き卵、パン粉の順に衣をつける。

❸揚げ油を熱し、菜ばしを入れて小さな泡が立ってきたら②を入れる。きつね色になったら裏返して同様に揚げ、油をきる。器に盛り、レタスやトマトを添える。

本日の献立

豚ロースのミルフィーユかつ

丸ごとピーマンの煮物 ↓P105

かぼちゃと油揚げのみそ汁

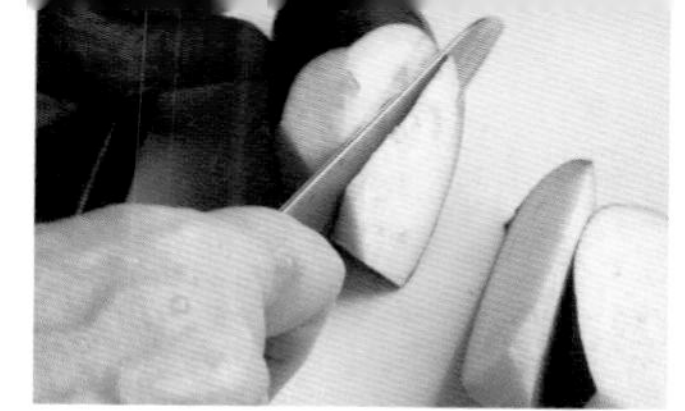

乱切りにすると
味がよくからみます

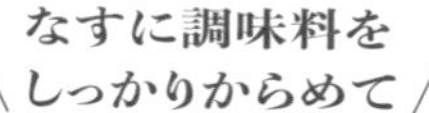

なすに調味料を
しっかりからめて

豚から出た脂も
なすがぐんぐん吸収

本日の献立

なすと豚肉のみそいため

蛇腹きゅうりの酢の物
→P067

豆腐とわかめのみそ汁

豚とみそのうまみが
ぎゅーっとしみ込んだなすが絶品！
ごはんのおかずに最高の一品です

なすと豚肉のみそいため

材料（2～3人分）

なす…2本
豚バラ薄切り肉…150g
A
- 砂糖（好みで）…小さじ1
- 酒…大さじ1
- しょうゆ…大さじ½
- みそ…大さじ2

油、万能ねぎ（小口切り）…各適量

作り方

❶なすは一口大の乱切りにして水にさらし、水けをきる。豚肉は食べやすい大きさに切る。

❷フライパンに油を熱し、豚肉をいためる。豚肉の色が変わったらなすを加え、なすがしんなりとするまでいためる。

❸Aを加えていため合わせる。器に盛り、万能ねぎを散らす。

ばあちゃんの教え

なすは水にさらしてアク抜きをすると、変色を防げます。長時間さらすとうまみ成分が流出してしまうので5分程度に。

味のえぐみをとる効果も

定番の白菜鍋もトマト&チーズで
アレンジすると新鮮！
白菜がたっぷり食べられます

白菜と豚バラのトマトミルフィーユ鍋

材料（2〜3人分）

白菜…½個
豚バラ薄切り肉…200g
ホールトマト缶…1缶（400g）
A｜酒…½カップ
　｜おろしにんにく…1かけ分
　｜固形スープの素…1個
塩、こしょう、ピザ用チーズ、
　バジル（乾燥）…各適量
切りもち（好みで）…適宜

作り方

❶白菜を縦半分に切り、芯をとる。白菜と豚肉を交互に重ね、4㎝幅に切る。

❷鍋に①を切り口を上にして並べ入れる。

❸ボウルにトマトを缶汁ごと入れて手でつぶし、②の鍋に入れる。Aを加えて火にかけ、10〜15分ほど煮る。

❹白菜の水分が出てきたら軽くまぜ、塩、こしょうで味をととのえる。

❺ピザ用チーズをかけてふたをし、溶けたらバジルを振る。好みで薄くスライスした切りもちを入れてもおいしい。

oishi

ばあちゃんの教え

鍋のふちに
沿わせるように
並べていくのがコツ。
火を通すと具材が縮んで
崩れやすいので、
ぎっしり隙間なく
詰めましょう。

ふちから
中央に向かって
敷き詰めて

重ねてミルフィーユみたいな
層にします

チーズはたっぷり
入れるのがおすすめ

とろとろチーズは
間違いない！

本日の献立

白菜と豚バラの
トマトミルフィーユ鍋

りんご

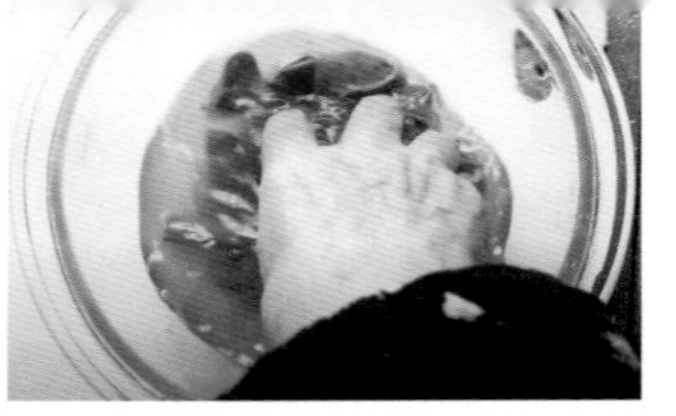

／臭み消し効果のあるしょうがといためます＼

／レバーは鮮度が命。光沢のあるものを選んで＼

／アクもしっかりとりましょう＼

本日の献立

鶏レバーの甘辛煮
刺し身
もやしとえのきだけのガリバタいため↓P022
小松菜と厚揚げのみそ汁

「レバーは薬と思って食べなさい」が
ばあちゃんの口ぐせ
鉄分が不足しがちな女性におすすめ

鶏レバーの甘辛煮

材料（2〜3人分）

鶏レバー…250g
しょうが…½かけ
油、万能ねぎ（小口切り）…各適量
A
砂糖…大さじ1弱
酒、みりん…各大さじ1
しょうゆ…大さじ1.5

作り方

❶レバーは白い脂肪や血のかたまりがあれば除き、一口大に切る。ボウルにレバーと水を入れ、やさしくまぜながら洗う。水を替えて2〜3回繰り返し、水けをきる。しょうがはせん切りにする。

❷鍋に油を熱し、レバーとしょうがをいためる。レバーの色が変わったらAを加えて、アクをとりながら煮る。

❸煮汁がほとんどなくなるまで煮たら器に盛り、万能ねぎを散らす。

ばあちゃんの教え

レバーを水の中で
泳がせるように洗うと
血や汚れがよく落ちます。
水がにごらなくなるまで
繰り返し洗えば
臭みのない仕上がりに。

下処理が
味の差を
生みます

れんこんをつくねに入れると
つなぎになってふわふわ食感に!
冷めてもおいしいからお弁当にも◎

れんこんの鶏つくね

材料(2〜3人分)

鶏ひき肉…200g
れんこん…100g

A
- しょうゆ、酒、みりん、かたくり粉…各小さじ1
- しょうがのすりおろし…½かけ分
- パン粉…大さじ2

B
- しょうゆ、砂糖、酒…各大さじ1
- 酢…小さじ1
- 豆板醤(好みで)…小さじ⅓

かたくり粉…小さじ½
油、万能ねぎ(小口切り)、水菜…各適量

作り方

❶れんこんは薄い輪切りを4〜6枚(1人分を2枚とする)切り分け、残りをすりおろす。

❷ボウルに鶏ひき肉、れんこんのすりおろし、Aを入れ、手で粘りが出るまでよくこねる。4〜6等分にして円形にまとめ、れんこんの輪切りをのせる。

❸フライパンに油を熱し、れんこんを下にして並べて焼く。焼き色がついたら返して同様に焼き、ふたをして弱火で蒸し焼きにする。

❹中央に金串などを刺して透明な汁が出てきたら、Bをまぜ合わせて入れる。ひと煮立ちしたらかたくり粉を水小さじ½で溶いて回し入れ、つくねにからめる。器に盛って万能ねぎを散らし、水菜を添えて好みでドレッシングをかける。

ばあちゃんの教え

れんこんをすりおろして肉だねに入れると、ふわふわした食感に。サクッとした輪切りのれんこんとの対比も楽しめます。

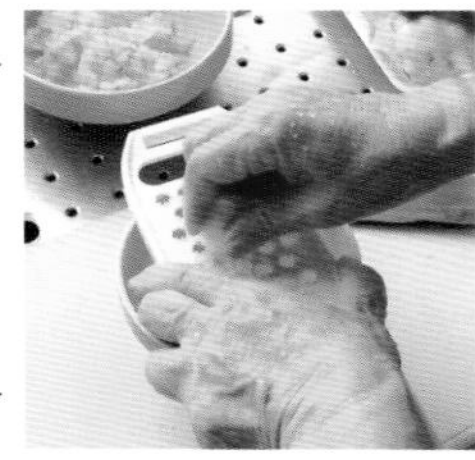

れんこんをムダなく使えます

＼とれないように
ギュッと密着させて／

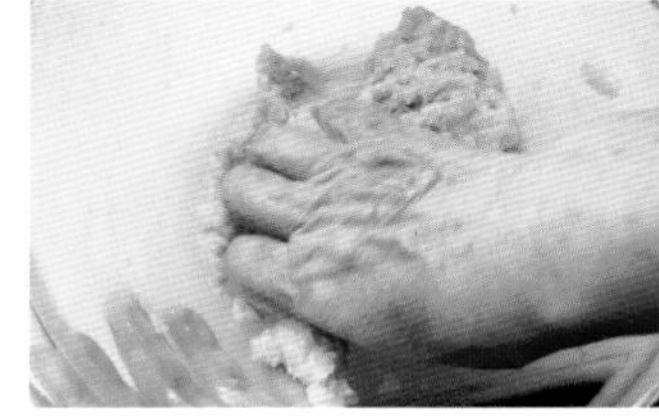

／しっかりこねるのが
ふんわり食感のコツ＼

／好みで豆板醤を
入れるとピリ辛味に＼

本日の献立

れんこんの鶏つくね

栄養満点
ひじきの煮物↓P065

白菜と油揚げのみそ汁

とろみのついた煮汁で
おなかの中からぽかぽかに
ほっとする味わいの煮物

大根と厚揚げと鶏ひき肉のとろとろ煮

材料（2〜3人分）

大根…¼本
小松菜…⅓束
厚揚げ…½丁（150g）
鶏ひき肉…120g
和風だしの素…小さじ1
A｜砂糖…大さじ1弱
　｜酒、みりん…各大さじ1
　｜しょうゆ…大さじ1強
かたくり粉…大さじ1

作り方

❶大根は1〜1.5㎝厚さのいちょう切りにする。小松菜は食べやすい長さに切る。厚揚げをさっとゆでて油抜きをし、食べやすい大きさに切る。

❷鍋に鶏ひき肉と大根、水1ℓ、和風だしの素を入れて熱し、煮立ってきたらアクをとる。ふたをして10分ほど煮る。

❸大根がやわらかくなったらAを入れて3分ほど煮て、厚揚げを加えて軽く煮込む。かたくり粉を煮汁大さじ1で溶いて回し入れ、手早くまぜる。

❹小松菜を加え、火が通ったらできあがり。

ばあちゃんの教え

溶いたかたくり粉は
一気に入れると
ダマになるので、
少しずつ円を
描くように入れます。
その後で
よくまぜるのもポイント。

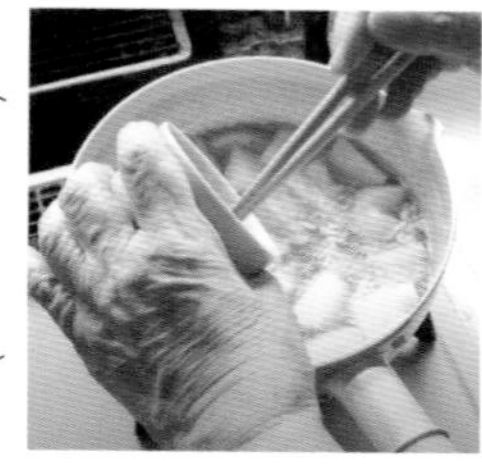

きちんと溶かしてから入れること！

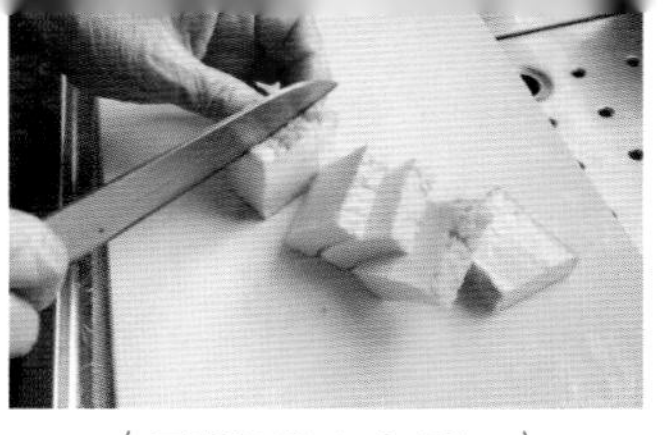

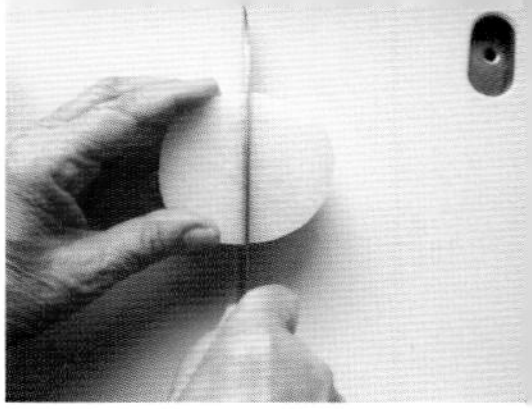

厚揚げは大根と
サイズを揃えて

大根をだしで
下煮すると
味がよくしみます

火の通りやすい
小松菜は最後に

本日の献立

大根と厚揚げと
鶏ひき肉のとろとろ煮
あじの干物
なめこのみそ汁

うまみたっぷりのいかと
バターしょうゆがベストマッチ
小松菜で彩りや食感もプラスして

いかと小松菜のバターしょうゆいため

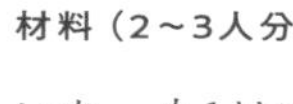

材料（2～3人分）

いか…小1はい（150g）
小松菜…4株
にんにく…1かけ
ハーブソルト（市販）…少々
しょうゆ…大さじ1.5
バター…10g

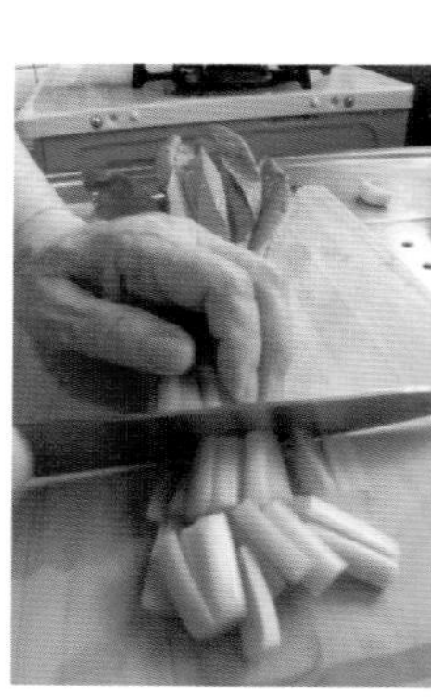

いためすぎると
かたくなるので手早く!

小松菜が
しんなりする前に
調味料を入れて

小松菜に火が通ったらできあがり

作り方

❶いかは内臓と軟骨を除き、胴は1.5㎝幅の輪切りに、足はブツ切りにする。小松菜は3㎝長さに切る。にんにくはみじん切りにする。

❷フライパンにバター、にんにくを入れて熱し、軽く香りが立ったらいかを入れてさっといためる。

❸小松菜を入れてさっとまぜ、ハーブソルトを振り、しょうゆを回しかける。

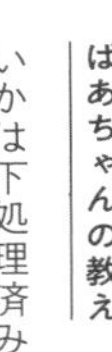

ばあちゃんの教え

いかは下処理済みのものを買うとラクちん。スーパーの鮮魚コーナーで下処理をしてもらえるなら、ぜひ頼んでみましょう。

手間を省けば料理もかんたん

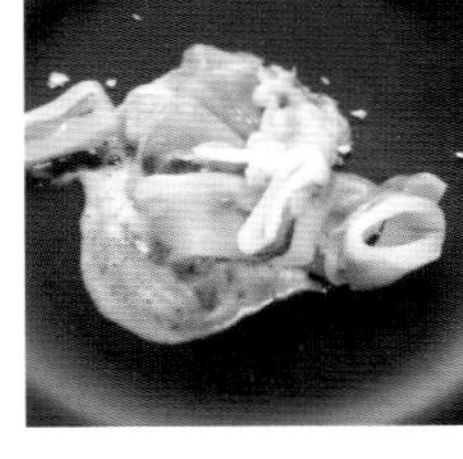

本日の献立

いかと小松菜のバターしょうゆいため
懐かし味の厚揚げとねぎの煮物 ↓P024
大根とわかめのみそ汁

余りもののあらがごちそうに変身！
ていねいに下処理すると臭みもなく
しみじみおいしい汁物に仕上がります

うまみたっぷり 魚のあら汁

材料（2〜3人分）

魚のあら…2〜3尾分
大根…2〜3㎝
にんじん…½本
しょうが…1かけ
酒…大さじ1
みそ…80〜100g（水の量に合わせて調整）
塩、万能ねぎ（小口切り）…各適量

作り方

❶魚のあらは全体に塩を振り、15〜30分ほどおく。湯を沸かしてあらをくぐらせ、脂やぬめりなどを落とし、流水で汚れや血、うろこなどをていねいに洗い流す。

❷大根とにんじんは短冊切りにする。しょうがは薄切りにする。

❸鍋に水適量（鍋の半分程度）、あら、大根、にんじん、しょうが、酒を入れて火にかけ、煮立ったらアクをとり除く。

❹野菜に火が通ったら火を止め、みそを溶き入れる。器に盛り、万能ねぎを散らす。

ばあちゃんの教え

あらとは、
魚をおろした際に余った
頭やかまなどの部分。
塩を振ると浸透圧で
魚の内側から
水分が抜けると同時に
臭みも抜けます。

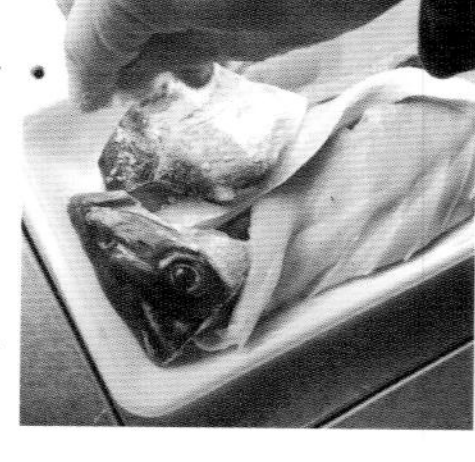

あらは安くて
経済的！

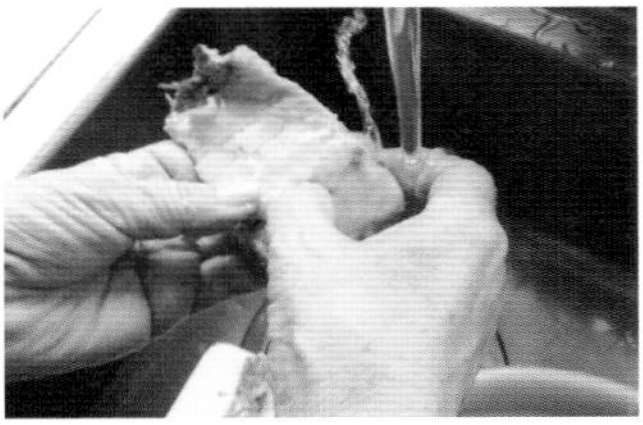

表面が白くなったら
とり出して

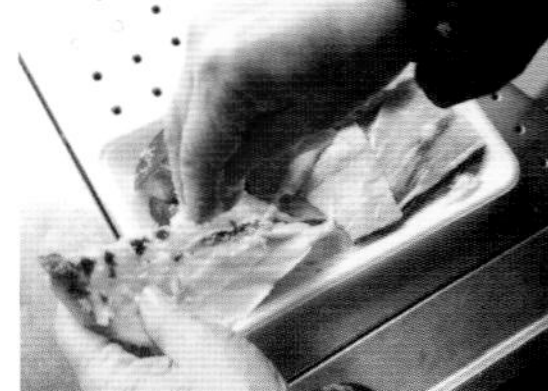

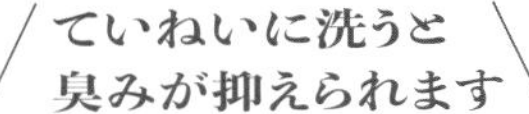

ていねいに洗うと
臭みが抑えられます

アクや汚れは
しっかりとること

本日の献立

うまみたっぷり
魚のあら汁
ばあちゃん直伝の
卵焼き↓P052
たくあん漬け

白身は黄身を外すと
刻みやすくなります

挟むと
広がるので
中央にのせて

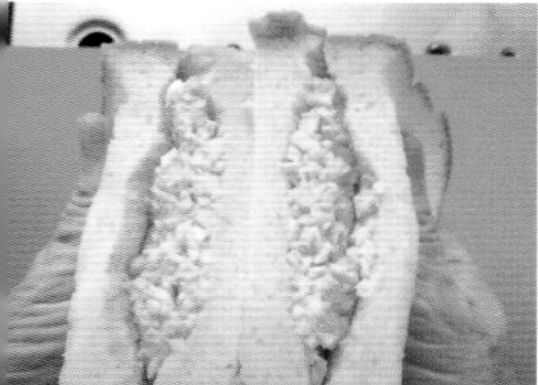

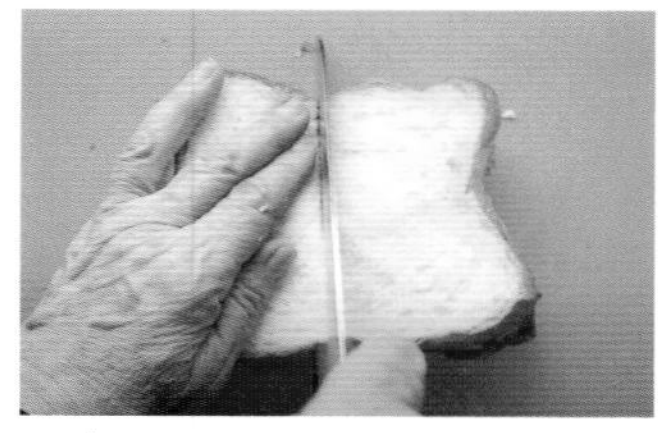

包丁を大きく
動かして切るのがコツ

本日の献立

クリーミー卵サンド
コーンスープ

からしをきかせた大人の卵サンド
卵の殻がラクにむける
裏ワザもご紹介します

クリーミー卵サンド

材料（6切れ分）

卵…6個

A
- 塩、こしょう…各適量
- マヨネーズ…大さじ3〜4
- 砂糖…大さじ½
- 練りがらし、パセリのみじん切り（好みで）…各少々

食パン…6枚

作り方

❶鍋に卵とかぶるくらいの水を入れて熱し、10分ほどゆでて固ゆでにする。殻をむいて白身と黄身に分け、白身をみじん切りにする。

❷ボウルに白身と黄身、Aを入れてなめらかになるまでまぜる。

❸食パン3枚の真ん中に②を等分にのせて広げ、残りの3枚で挟む。軽く押さえて半分に切る。

ばあちゃんの教え

卵がゆであがったらふたをずらして湯を捨て、ふたをしたまま揺さぶります。殻に細かいヒビが入り、水につけたら簡単にむけます。

つるんとむける裏ワザ！

アボカドと卵黄のみそ漬け

味わい濃厚な至高のおつまみ
見た目のインパクトから
若い人にも人気のメニューです

材料（2～3人分）

アボカド…1個
卵*…2個
*ラップに包み、冷凍室に一晩以上おく。

A | みそ…75g
　| みりん…30ml

作り方

❶アボカドは縦半分に包丁を入れ、種に沿ってぐるっと一周させ、切り込みを入れる。ねじって半分に割り、種を除き皮をむく。冷凍しておいた卵の殻をむいて少しおき、卵黄のみをとり出す。

❷Aをまぜ合わせ、みそ床を作る。

❸ラップを広げてみそ床を少量のばし、アボカドをのせてみそ床をまんべんなく塗って包む。卵黄も同様に包む。ジッパーつきの保存袋に入れ、冷蔵室で1日ほどおく。

❹アボカドと卵黄をとり出し、余分なみそを除く。器にアボカドを盛り、くぼんだ部分に卵黄をのせる。

oishi

ばあちゃんの教え

卵は冷凍すると
卵黄が半熟卵のように
固まります。
長時間冷凍した場合は
水につけてからむくと
卵白が溶けて卵黄が
とり出しやすくなります。

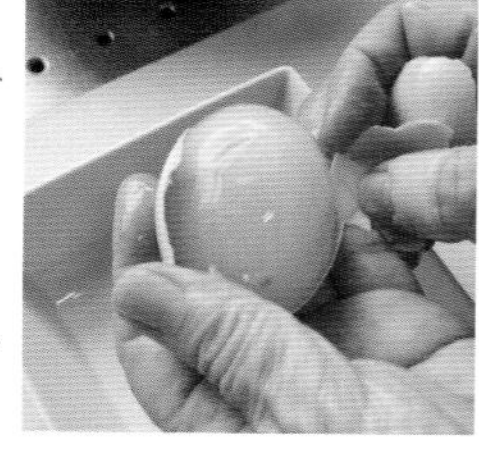

余った卵白は
みそ汁や
スープの具に

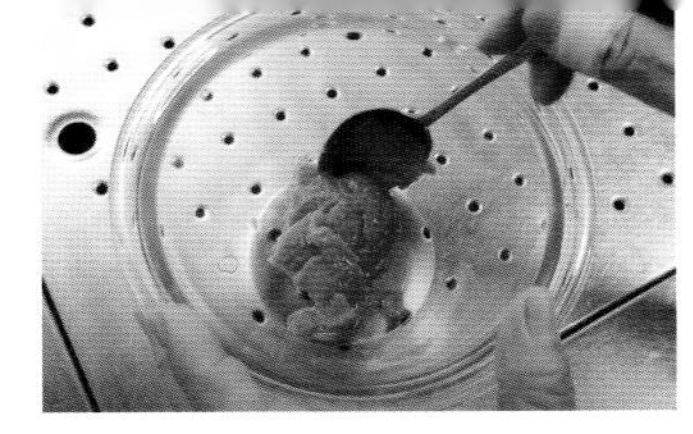

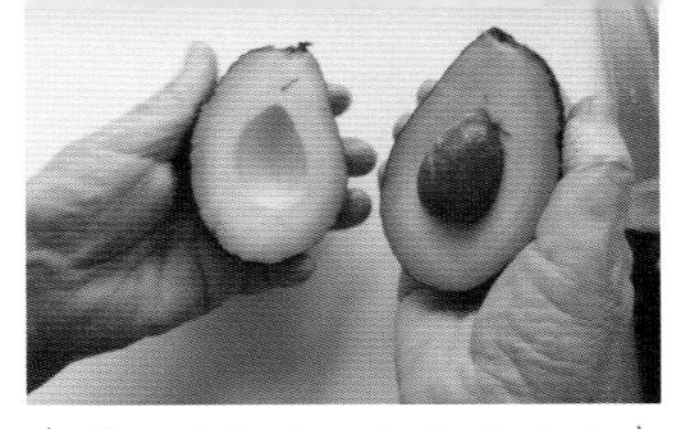

手でひねるとかんたんに
半分に割れます

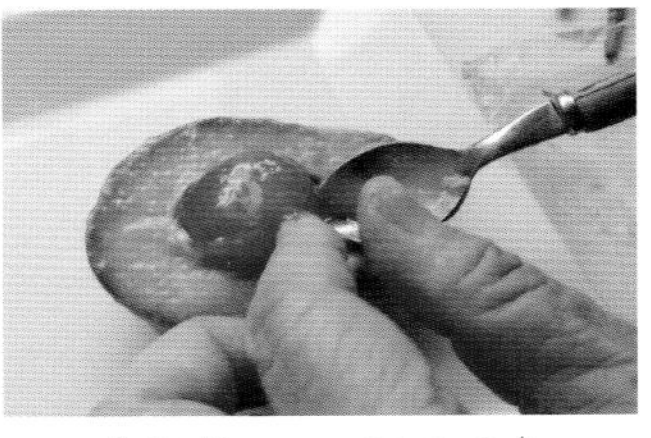

卵黄とアボカドを
ドッキング！

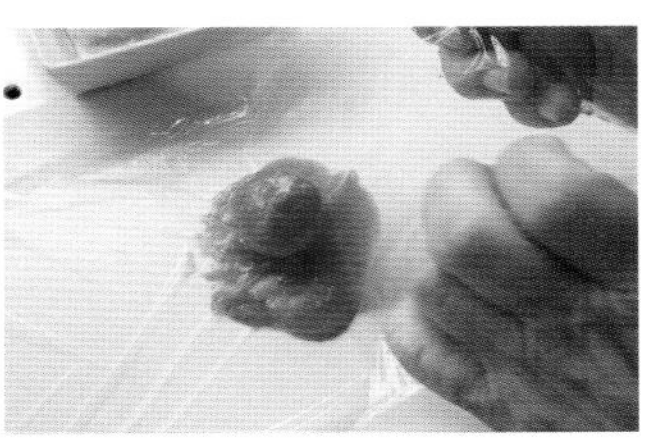

全体にみそ床が
行き渡るように
塗って

本日の献立

アボカドと卵黄の
みそ漬け

大根と厚揚げと鶏ひき肉の
とろとろ煮 ↓P086

えのきと卵白のみそ汁

ばあちゃんの焼き飯

チャーハンじゃなくて〝焼き飯〟
シンプルで飽きない、いつもの味
家庭ならではのメニューです

材料（2～3人分）

あたたかいごはん…茶碗3杯分
卵…3個
玉ねぎ…¼個
キャベツ…3枚
油、塩、こしょう…各適量
中華スープの素…小さじ1

卵とごはんをしっかりからめます

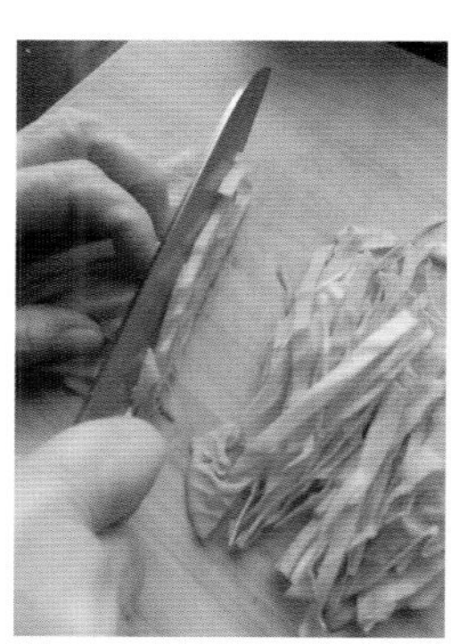

いためすぎると
水分が出るのでさっと

全体に火が通るように
まぜながらいためて

ばあちゃんの教え

いためる前にごはんと溶き卵をまぜておくと、ごはん一粒一粒が卵でコーティングされ、ふわっとした食感に仕上げられます。

卵のやさしい味わいが◎

作り方

❶玉ねぎはみじん切りに、キャベツは1㎝幅のざく切りにする。

❷ボウルに卵を溶きほぐし、ごはんを入れてまぜる。

❸フライパンに油を熱し、玉ねぎ、キャベツをいため、塩、こしょうを振る。

❹玉ねぎが透き通ってきたら②を入れていためる。ごはんがパラリとしたら塩、こしょう、中華スープの素で味をととのえる。

本日の献立

ばあちゃんの焼き飯

ワンタンスープ

気軽に作れるそうめんアレンジ

そうめんを梅干しとゆでるとコシが出ます

ささみのトマト豆乳ごまだれそうめん

材料（2人分）

そうめん…150g
鶏ささみ…200g
塩…適量
酒…大さじ1
トマト、梅干し…各1個

A
豆乳…300ml
めんつゆ（3倍濃縮）…大さじ5
みそ…大さじ1
白すりごま…大さじ2
ラー油…小さじ½

作り方

❶ささみは塩を振る。筋をとって食べやすい大きさに切り、耐熱容器に入れる。酒とかぶる程度の水を加えてラップをふんわりかけ、電子レンジで4分ほど加熱し、ラップをしたままあら熱をとる。肉に火が通っていたら細かくほぐす（中が生の状態だったら10秒ずつ様子を見ながら追加で加熱する）。

❷Aをまぜ合わせ、豆乳ごまだれを作る。トマトは皮に切り目を入れて湯むきし、ざく切りにする。

❸たっぷりの湯でそうめんと梅干しを袋の表示どおりにゆでる。梅干しはとり出し、そうめんはざるにあげて流水で洗い、水けをきる。

❹梅干しは種を除いてちぎり、トマトとあえる。

❺器にそうめんとささみを盛って豆乳ごまだれを回しかけ、④をのせる。

手頃な食材で作れる、お財布にもやさしい一品

ツナともやしのそうめんチャンプルー

ごまの風味に暑い日でも食欲がわいてきます

ごま油香る 油そば風豚しゃぶそうめん

材料（2人分）

そうめん…150g
豚薄切り肉
（しゃぶしゃぶ用）
…80g

A
- ごま油、めんつゆ（3倍濃縮）…各大さじ2
- オイスターソース、しょうゆ…各大さじ1
- 酢…小さじ1
- 豆板醤（好みで）…少々

万能ねぎ（小口切り）…2本分
ミニトマト、焼きのり…各適量

作り方

❶湯を沸かし、豚肉をさっとゆでて水けをきる。たっぷりの湯でそうめんを袋の表示どおりにゆで、ざるにあげて流水で洗い、水けをきる。

❷そうめんと豚肉を器に盛り、まぜ合わせたAを回しかける。ミニトマトを添え、万能ねぎとちぎったのりを散らす。

材料（2～3人分）

そうめん…200g
ツナ缶…1缶
もやし…1袋
ごま油…大さじ1

A
- 中華スープの素…小さじ1
- めんつゆ（3倍濃縮）、酢（好みで）…各大さじ1

万能ねぎ（小口切り）…適量

作り方

❶たっぷりの湯でそうめんをかためにゆでる。ざるにあげて流水で洗い、水けをきる。

❷フライパンにごま油を熱し、ツナともやしを軽くいためる。そうめん、Aを加え、いため合わせる。

❸器に盛り、万能ねぎを散らす。

こんなふうに
中身だけ外します

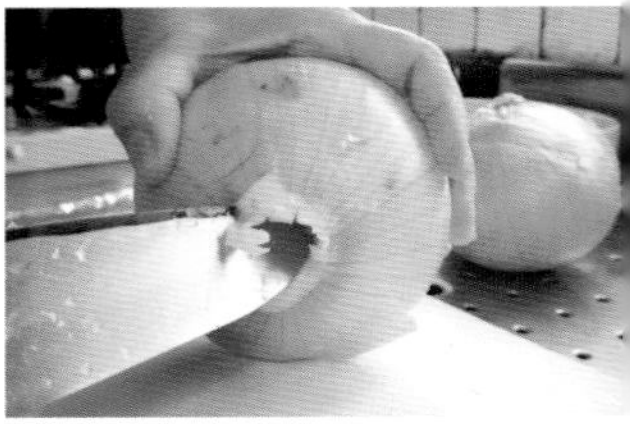

親指で真ん中を
ぐっと押し込んで…

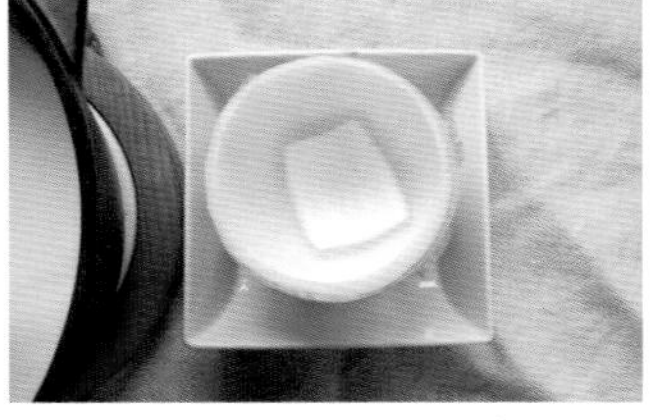

玉ねぎの器の
穴をふさぐのを
忘れずに!

本日の献立

丸ごと玉ねぎのポタージュ
ポークソテー

野菜の中からおいしい料理が！
『ドラえもん』で見た夢の道具を
玉ねぎを使って再現しました

丸ごと玉ねぎのポタージュ

材料（2人分）

玉ねぎ…2個
ベーコン（薄切り）…35g
固形スープの素…1個
牛乳…150ml
生クリーム…½カップ
塩、こしょう…各少々
バゲット（スライス）…2枚
バター、パセリのみじん切り…各適量

作り方

❶玉ねぎの器を作る。玉ねぎは皮つきのまま上¼～⅓を切り落とし、とっておく。玉ねぎの底を薄く切り、包丁の先で芯をくりぬく。穴のあいた部分を指で押して、皮と外側1枚分を残して中身を外す。中身を一部切りとって底の穴をふさぐ。

❷残った玉ねぎは薄切りにし、耐熱ボウルに入れてラップをせずに電子レンジで5分ほど加熱する。ベーコンは1cm幅に切り、火が通るまでいためる。

❸鍋にバターを入れて熱し、②の玉ねぎをいため、透き通ってきたら水2カップ、固形スープの素を加える。煮立ったらふたをして弱火で10分ほど煮て、火を止めて冷ます。ミキサーで攪拌して鍋に戻し、牛乳と生クリームを入れて熱し、塩、こしょうで味をととのえる。

❹バゲットにバターを塗ってこんがりと焼き、器に盛る。その上に玉ねぎの器をのせて③を注ぎ、いためたベーコン、パセリを散らす。

ばあちゃんの教え

玉ねぎはレンチンで火が通っているので、さっといためる程度でOK。白いポタージュに仕上げるために、焦がさないように注意を。

焦げそうなら火を弱めて

素揚げした色鮮やかな野菜に
だしがじゅわっとしみた夏のごちそう
日持ちするので常備菜にしても

カラフル夏野菜の揚げびたし

材料（2〜3人分）

なす…1本
ズッキーニ…½本
パプリカ（黄色・赤色）…各½個
かぼちゃ…⅛個
ししとう…小3本
オクラ…3本
グリーンアスパラガス…2本
ミニトマト…4個
A
だし…450㎖
砂糖、酒、みりん…各大さじ1
しょうゆ…大さじ2
塩…小さじ1
揚げ油、大葉（せん切り）…各適量

作り方

❶なすは輪切りにして水にさらし、水けをきる。ズッキーニは輪切りにする。パプリカは縦4等分に切る。かぼちゃは種とワタをとり5㎜厚さに切る。ししとうは縦半分に切り、種をとる。オクラは斜め切りに、アスパラガスは3等分に切る。野菜の水けをふきとる。

❷鍋にAを入れ、ひと煮立ちさせて火を止める。

❸揚げ油を熱し、菜ばしを入れて小さな泡が勢いよく上がってきたら①の野菜を素揚げして油をきる。

❹素揚げした野菜とミニトマトを耐熱容器に入れ、②を熱いうちにかけて大葉をのせる。あら熱がとれたら冷蔵室で2〜4時間ほどおいて味をなじませる。

＊冷蔵室で3日ほど保存可能

ばあちゃんの教え

そのまま食べても
おいしいですし、
ゆでたそうめんや
そばの上に
揚げびたしをのせる
アレンジも、
夏の日のごはんに
おすすめです！

oishi

好みで
大根おろしを
添えても

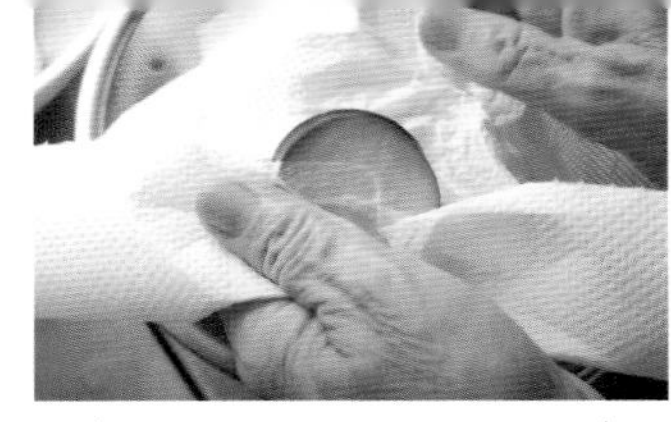

油はね防止のために
水けをしっかりふいて

熱い漬け汁を
かけて味を
しみ込ませます

かぼちゃは
2〜3分、
それ以外は
1分程度揚げる

本日の献立

カラフル夏野菜の揚げびたし
刺し身
豆腐とわかめのみそ汁

キャベツの甘みにびっくり！ 大量消費にも◎

キャベツの焼きびたし

材料（2〜3人分）

キャベツ…½個
オリーブ油…適量
A
だし…500ml
砂糖、酒、みりん
…各大さじ1
しょうゆ…大さじ2
塩…小さじ1

作り方

❶キャベツは4等分のくし形に切る。

❷フライパンにオリーブ油を熱し、キャベツを切り口を下にして並べる。焼き色がつくまで焼き、裏返して同様に焼く。

❸鍋にAを入れて煮立たせ、②のフライパンに入れる。ふたをして弱めの中火で5〜10分ほど、キャベツに火が通るまで蒸し焼きにする。

ばあちゃんの教え

キャベツを蒸し焼きしている途中で時々煮汁を回しかけてあげると、キャベツの中まで行き渡り、味がよくなじみます。

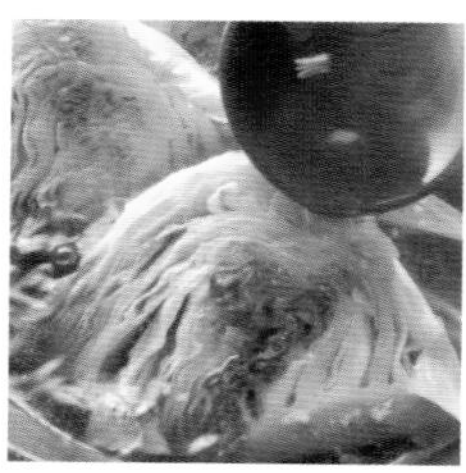

「無限に食べられる」とSNSでも大人気！

丸ごとピーマンの煮物

材料（2〜3人分）

ピーマン…4個
油…適量
A
- 砂糖…大さじ2弱
- みりん…大さじ1
- しょうゆ…大さじ1.5
- 和風だしの素…小さじ¼

作り方

❶ピーマンを手のひらで軽く押しつぶし、割れ目を入れる。

❷フライパンに油を熱し、①をいためる。焼き目がついたらA、水50mlを加え、ふたをしてやわらかくなるまで煮る。

ばあちゃんの教え

ピーマンに割れ目を入れると、加熱したときに破裂するのを防げます。手でつぶせば包丁いらずなので料理もラクちん！

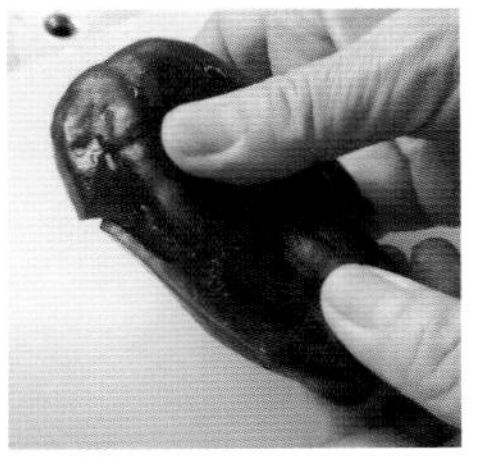

玉ねぎをじっくり焼いて甘みを引き出します

玉ねぎのガリバタしょうゆステーキ

材料（2〜3人分）

玉ねぎ…1個
にんにく…1かけ
オリーブ油
…大さじ1
塩、こしょう…各少々
バター…10g
A しょうゆ、
酒、みりん
…各大さじ1
パセリのみじん切り
…適量

作り方

❶玉ねぎは1㎝幅の輪切りに、にんにくは薄切りにする。

❷フライパンにオリーブ油、にんにくを入れて熱し、香りが立ったらにんにくをとり出す。玉ねぎを並べ、塩、こしょうを振り、両面を焼き目がつくまで焼く。

❸バターを入れて溶かし、Aを加え、にんにくを戻して全体にからめる。

❹器に盛ってフライパンに残ったソースをかけ、パセリを散らす。

ばあちゃんの教え

バターを入れると焦げやすくなるので、ここからは手早く。その前に玉ねぎにしっかり火を通しておくことも大事です。

生でも食べられる長芋なら失敗なく作れます

カリッとハッシュド長芋チーズ

材料（2〜3人分）

長芋…200g
ベーコン（薄切り／
　ハーフサイズ）…4枚
A
　ピザ用チーズ…50g
　塩、こしょう…各少々
　固形スープの素
　　…⅓個
　かたくり粉
　　…大さじ4〜5
油…適量

作り方

❶長芋とベーコンはせん切りにする。長芋は酢少々（分量外）を入れた水にさらし、水けをきる。

❷ボウルに長芋、ベーコン、Aを入れてまぜる。

❸フライパンに油を熱し、②を薄く広げ、両面をこんがりと色づくまで焼く。食べやすく切って器に盛る。

ばあちゃんの教え

かたくり粉の量が足りないと生地がバラバラになってしまいます。まとまりが悪いなら、少量ずつ足して調節しましょう。

ばあちゃんにとって料理は最高のリハビリ

ばあちゃんがライブ配信などを行っていると時折寄せられるのが、「なぜ家族が料理を代わってあげないの？」という声。それに対し息子の高広さんは「やってあげることが必ずしもやさしさなのだろうか」と考え続けてきたと言います。

ばあちゃんの料理中、つきっきりで見守り、危険がないように声をかけ続ける高広さん。他にもばあちゃんの負担を軽くするために短時間で作れる料理を考える、食材や調理道具を出しておくなど、さまざまな形でサポートをしています。

見守ることも、やさしさ

「正直、自分ひとりで料理するほうがラクなんじゃないかと思うこともあります」と高広さん。それでも、ばあちゃんが自力で料理するのがリハビリになると考え、このやり方を選んでいるのだと言います。実際、作業療法士やケアマネージャーなど福祉に携わる方から「料理はリハビリにいいですよ」「ケアに取り入れています」とコメントが来ることもあるそう。

ばあちゃんの負担軽減のためにシンプルなメニューを増やしたら、むしろ「作りやすい」とフォロワーの方にも大好評！

足の悪いばあちゃんの外出に欠かせないのがショッピングカート。転倒事故を機に、買い物は家族が車で連れていくように。

高齢のばあちゃんの体調は一定ではないため、状況を見てきめ細かく対応する必要もあります。以前は明るい午前に撮影していたけれど、転倒事故（P7）以降、疲れやすくなったばあちゃんの体力を考え、最近は晩ごはんを1品作ってもらって、その様子を撮影するように。ライブ配信もばあちゃんの元気がある日にだけ行うことにしているのだと言います。

「認知症の方が調理道具の場所がわからなくなって料理をやめたという話を聞きました。今後は道具の数を絞ったり取りやすい場所に置いたりして続けられる環境を整えていきたいです」

少しでも長く、台所に立ち続けたい

料理を続けたい気持ちは、ばあちゃんも同じだと言います。

「若い頃に帰りたいと何度も思います。同じことをするにしても昔よりも何倍も時間がかかるから、とっても悔しい。それでも、『ばあちゃんはできないんだから』って何もさせてもらえないのが一番嫌なんです。リハビリをがんばって、少しでも長く料理を続けていきたいです」

料理という役割を担うことは、ばあちゃんの尊厳を保ち、生きがいを持つことにもつながっているようです。

「息子に『味見して』って言われるとうれしいんです。やっぱり頼ってもらえるといいですね」

転倒や背中が曲がってきた
原因として
筋力の低下が考えられるため、
家でできるリハビリとして
足上げ体操も行っているそう。

疲れたら椅子に座ってひと休み。
トイレに行くなど中断することもあるけれど、
ばあちゃんのペースを大事にしながら撮影。

第3章

ばあちゃんの知恵がつまった

季節の手仕事

春夏秋冬、季節の恵みがいただけるのは
日本ならではの楽しみ。
旬の短いものを、長くおいしく食べられるように
昔から保存食の知恵が伝えられてきました。
後でおいしいものが食べられると思えば
手を動かすのも苦になりません。

甘酸っぱい味がたまらない
水や炭酸水で割って飲むと夏の疲れもふき飛ぶ！
抹茶アイスなどにかけるのもおすすめ

まろやか梅のはちみつ漬け

材料（作りやすい分量）

梅…1kg
はちみつ…2kg

洗うときに傷がつかないように注意

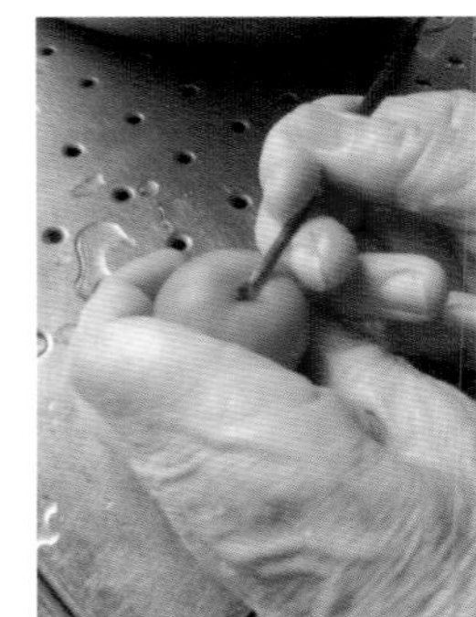

カビが生えないようにしっかり乾燥

切り目は入れなくてもOKです

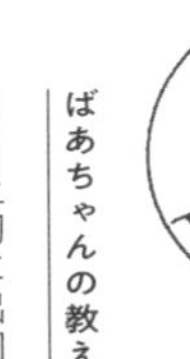

ばあちゃんの教え

6月上旬に出回る
青くてかたい梅には
えぐみがあるので、
水にさらして
アクを抜きます。
下旬に出回る黄色い
完熟梅はアク抜き不要。

長時間つけっぱなしはNG

作り方

❶梅をやさしく水洗いする。青梅の場合は2〜4時間水にさらしてアク抜きをする。

❷つまようじや竹ぐしでヘタをとり、キッチンペーパーで水けをしっかりふきとる。ざるに広げて陰干しする。好みで梅に切り目を入れる。

❸消毒した保存びんに梅を入れ、はちみつを注ぐ。味がなじむまで1か月ほどおく。

＊漬けはじめの1週間は、毎日びんを振ってまぜる。数カ月おくなら、梅の実は出してもOK。

汚れが残っていることも
あるからよく洗って

煮出すと
赤しそは
緑色に変化

りんご酢を入れると
きれいな色に

目にも鮮やかなピンクのジュースには
夏バテ予防や美白効果が
ストレートで飲めるさっぱりドリンク

すっきり赤しそジュース

材料（作りやすい分量）

赤しそ…50枚ほど
はちみつ…大さじ4
りんご酢…50㎖

作り方

❶赤しそを水でよく洗う。

❷鍋に水1ℓを入れて沸かし、赤しそを加えて5分ほど煮出し、火を止める。

❸赤しそをとり出し、はちみつを入れてまぜる。

❹あら熱がとれたら、りんご酢を加えてまぜる。清潔な容器に移し、冷蔵室で冷やしていただく。

＊冷蔵室で3〜4日ほど保存可能。

ばあちゃんの教え

煮出した後の
赤しそでもう一品。
葉は水けをきり、
刻んでごま油でいため、
みそ、砂糖各大さじ1、
しょうゆ小さじ1
で調味すれば
「しそみそ」が完成！

茎はかたいので
とり除いて

こっくり栗の渋皮煮

栗の風味豊かな秋ならではのスイーツ
ていねいに下処理とアク抜きをすると
和菓子のような上品な味わいに

材料（作りやすい分量）

栗…540g
重曹…小さじ3（3回に分けて使う）
砂糖…540g（2回に分けて使う。
　今回はグラニュー糖270g、ざらめ糖270gを使用）
はちみつ…大さじ1
水あめ…小さじ1

作り方

❶栗を熱湯にひたし、あら熱がとれるまでおく。栗の底の部分に切り目を入れて削りとり、渋皮（内側の皮）に傷がつかないように気をつけながら鬼皮（外側のかたい皮）をむく。

❷鍋に①とかぶる程度の水、重曹小さじ1を入れて熱し、沸騰したらアクをとり、10分ほどゆでる。

❸火からおろしてゆで汁を半分ほど捨て、鍋に流水を加えながら水をかえる。②〜③の作業をさらに2回繰り返す。

❹重曹を入れずに5分ほどゆで、③と同様に水をかえ、あら熱がとれるまで冷ます。

❺渋皮に残っている筋や繊維を、つまようじなどを使ってやさしくこすりながらとり除く。

❻ほうろう鍋に栗とひたひたにかぶる程度の水、砂糖270gを入れて熱し、煮立ったら落としぶたをして弱火で5分ほど煮る。

❼残りの砂糖とはちみつ、水あめを加え、さらに弱火で10分ほど煮る。一晩おいたらできあがり。

ばあちゃんの教え

栗をゆでて
水をかえる際、
流水が直接栗に当たると
渋皮が傷つくので、
へらや鍋のふたなどに
当てながら注ぎ、
古い水と入れかえます。

傷がつくと
割れる原因に

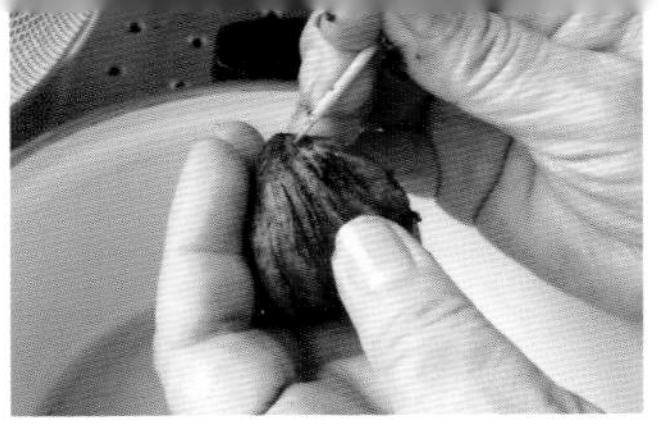

筋をていねいに
とるのが味の決め手！

砂糖の種類は
お好みでOK

栗の皮むき用の
ハサミを使うと
簡単

水で割っても、ヨーグルトなどにかけても◎

さわやかはちみつレモン

材料（作りやすい分量）

レモン…3個
はちみつ…適量
（レモンが
ひたるくらいの量）

作り方

❶レモンはよく洗って水けをふく。薄切りにし、種をとり除く。

❷消毒した容器にレモンを入れ、ひたひたにかぶる程度のはちみつを加える。冷蔵室で一晩おいたらできあがり。

＊冷蔵室で1週間ほど保存可能。
＊レモンは気になる方はノーワックスのものを。

ばあちゃんの教え

ガラス容器なら
煮沸消毒が安心。
洗剤で洗い、
底にふきんをしいた鍋に
容器とつかる程度の
水を入れ、
10分沸騰させてから
乾燥させます。

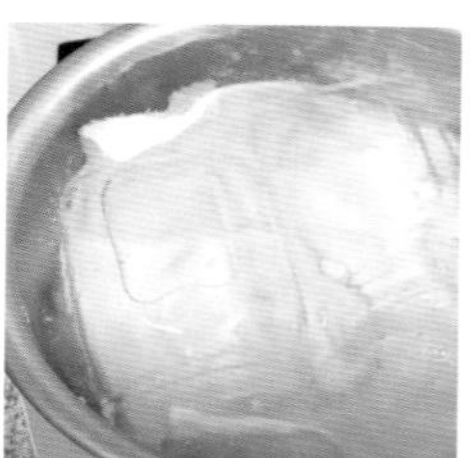

ジャムを煮る間に漂う甘い匂いも味わって

ラム酒香る 大人のいちじくジャム

材料（作りやすい分量）

いちじく…6個
グラニュー糖…150g
はちみつ、レモン汁、
　ラム酒…各大さじ1
シナモンパウダー
　…小さじ⅓

作り方

❶いちじくはよく洗い、皮つきのまま2～3㎝角に切る。

❷鍋に①とグラニュー糖、はちみつを入れてしばらくおき、水分が出てきたら火にかける。煮立ってアクが出てきたらていねいにとり除く。

❸水けが少なくなってきたらレモン汁を入れ、弱火にしてとろっとするまで煮詰める。

❹ラム酒とシナモンパウダーを加えてまぜ、アルコールを飛ばして火を止める。あら熱がとれたら消毒した保存容器に入れる。

ばあちゃんの教え

果物に含まれるペクチンに砂糖と酸、熱が加わるととろっとします。冷えると固まるので、煮詰めすぎずゆるめの状態で火を止めて。

ちょっと一息
ばあちゃんの
おやつ

小さな白玉だんごに冷たいみつをとろ〜り
江戸時代から伝わる極上のスイーツ

長崎島原名物 かんざらし

材料（作りやすい分量）

白玉粉…125g
ざらめ糖…100g
はちみつ…10g

作り方

❶鍋に水1カップとざらめ糖を入れて熱し、沸騰したらまぜながら泡立って濃い茶色（カラメル状）になるまで煮詰める。水1カップを加えてカラメルを溶かし、はちみつを加えてまぜ、火を止める。あら熱がとれたら冷蔵室で冷やす。

❷ボウルに白玉粉を入れ、水110㎖程度を少しずつ加えながらまぜ、粒がなくなるまでこねる。

❸耳たぶくらいのやわらかさになったら直径1㎝程度のだんご状に丸める。

❹鍋に湯を沸かし、③を入れてゆでる。水面に浮きあがって1分ほどたったら冷水にとって冷ます。水けをよくきって器に盛り、①のみつをかける。

ばあちゃんの教え

カラメルの
煮詰め具合は好みで。
色が濃くなるにつれ
苦みが強くなります。
水を加えるときに
かなりはねるので、
やけどに注意！

深めの鍋を使うのがおすすめ

水の量は様子を
見ながら調整します

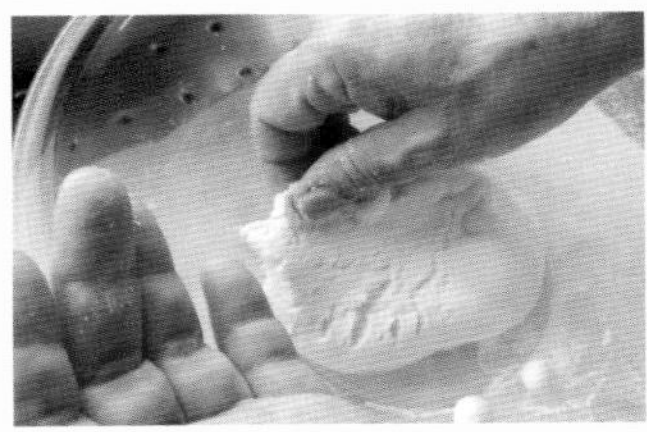

あめ色になり
とろみがつくまで
煮詰めて

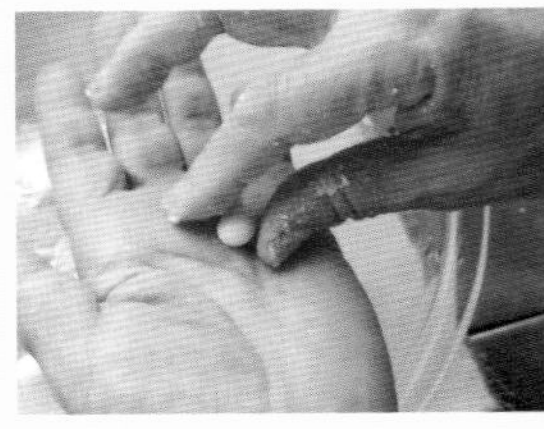

白玉もみつも
冷やしていただきます！

卵黄が固まらないように
牛乳は少しずつ加えて

気泡が
出てきたら
もうすぐ完成！

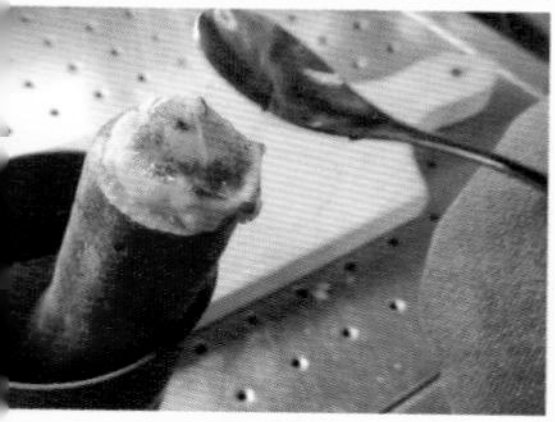

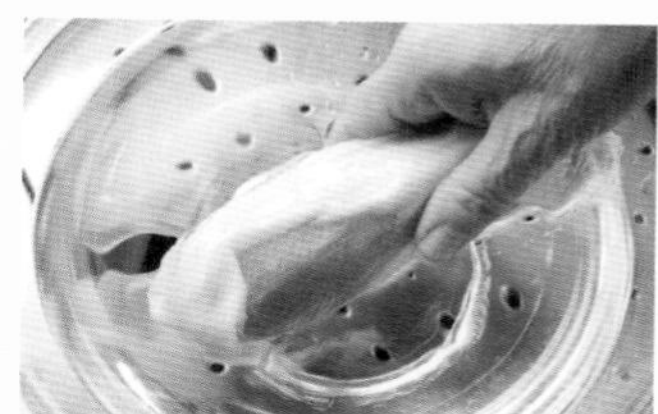

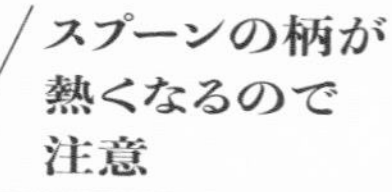

スプーンの柄が
熱くなるので
注意

じっくり加熱した焼きいもにカスタードをプラス
焦げ目をつけてワンランク上の味に

濃厚 焼きいもブリュレ

材料（3個分）

さつまいも…3個
カスタードクリーム…適量
グラニュー糖…少々

カスタードクリーム
（作りやすい分量）
卵黄…1個分
砂糖…25g
小麦粉…10g
牛乳…150㎖
バニラエッセンス…少々

作り方

❶カスタードクリームを作る。ボウルに卵黄、砂糖を入れ、泡立て器で白っぽくなるまでまぜる。小麦粉を加えてさっとまぜる。

❷牛乳を沸騰直前まであたため、①に少しずつ加えてまぜ、ざるでこしながら鍋に移す。バニラエッセンスを加える。

❸②を木べらでゆっくりまぜながら熱し、固まりはじめたら手早くまぜ、もったりとした状態になったら火を止める。

❹さつまいもは洗い、キッチンペーパーを2枚ずつ巻きつけ、水にひたす。ラップで包み電子レンジで3分ほど加熱する。200Wまたは解凍モードに変え、上下を返して10分ほど加熱し、再び上下を返し10分ほど加熱する。金串で刺してすっと通らない場合は数分ずつ様子を見ながら追加で加熱する。

❺さつまいもの上端を切り落としてスプーンで深さ3〜4㎝ほどくりぬき、③を入れる。グラニュー糖を振りかけ、直火であぶったスプーンを押し当て、焦げ目をつける。

＊焼きいもの加熱しすぎは発火の原因に。加熱中は目を離さないこと。＊スプーンは変色してもかまわない金属製のものを使用してください。

ばあちゃんの教え

カスタードクリームは最初さらっとしていますが、次第に固まってくるので、まぜ続けて。ツヤが出てクリーム状になれば完成。

余ったらパンにつけてもおいしい！

もっちり食感がたまらない和スイーツ
手軽に作りたいときはミルク1種類だけでもOKです

くずもち ミルク&ナッツ風味

材料（作りやすい分量）

ミルクくずもち
牛乳…500ml
葛粉…50g
砂糖…40g
塩…ひとつまみ

ナッツくずもち
牛乳…500ml
葛粉…50g
砂糖…30g
塩…ひとつまみ
A くるみ…16g
　アーモンド、
　　カシューナッツ、
　　ピーナッツ、
　　きな粉
　　…各8g
きな粉、黒みつ…各適量

作り方

❶ミルクくずもちを作る。鍋に牛乳、葛粉を入れてまぜ、葛粉が溶けたら砂糖、塩を加えてまぜる。

❷火にかけてまぜながらあたため、底面が固まってきたら弱火にして3分ほど練る。水で濡らしたバットや平形の容器に流し入れ、表面をならす。

❸ナッツくずもちを作る。Aをミキサーで攪拌してペースト状にする。鍋に入れて牛乳を加え、なめらかになるまでまぜる。葛粉を入れて溶かし、砂糖、塩を加えてまぜる。ミルクくずもちと同様にあたためて練る。

❹②のミルクくずもちの上に、ナッツくずもちを流し入れ、表面をならす。あら熱がとれたら、ラップをして冷蔵室で1時間ほど冷やす。

❺食べやすい大きさに切って器に盛り、きな粉と黒みつをかける。

全体をムラなくまぜ続けます

ばあちゃんの教え

弱火でしっかり火を通しながら同時に絶えずかきまぜることで、なめらかな食感が生まれます。もったりとするまで練り上げて。

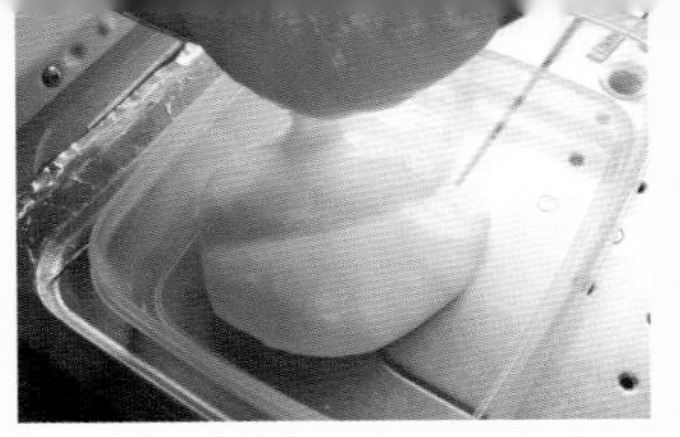

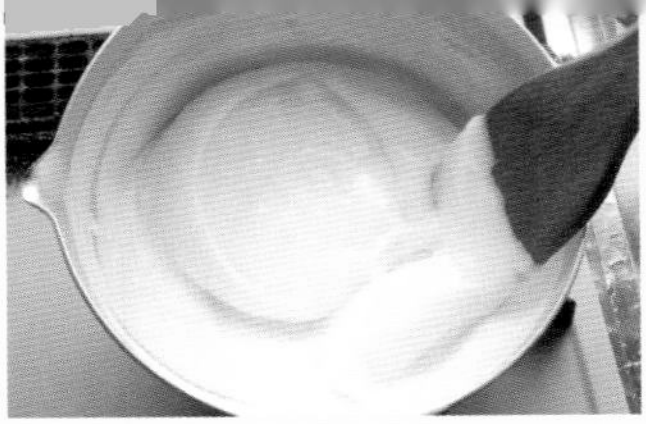

葛粉をしっかり
溶かしてから
加熱します

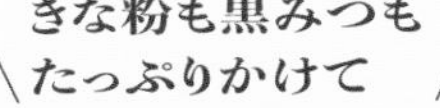

きな粉も黒みつも
たっぷりかけて

ミルクとナッツ、
2つの味が楽しめます

皮ごと煮るとシロップがピンクに！
見た目もかわいい夏のデザート。ゼリーにアレンジしても◎

ひんやり 桃のコンポート

材料（作りやすい分量）

白桃…2個
A
- 白ワイン…1カップ
- グラニュー糖…70g
- はちみつ…10g
- レモン汁…大さじ2

ミント（あれば）…適宜

作り方

❶桃はよく洗い、皮つきのまま割れ目に沿って包丁をぐるっと一周させ、切り込みを入れる。

❷鍋にA、水1カップを入れて熱し、ふつふつと沸いてきたら桃を加え、煮汁をかけながら弱火で10分ほど煮る。皮にしわが寄ったら火を止め、そのまま冷ます。

❸あら熱がとれたら煮汁ごと保存容器に移し、キッチンペーパーをかぶせて冷蔵室で冷やす。

❹桃の皮をむき、ねじって半分に割り、スプーンで種をとる。器に盛って煮汁少量をかけ、あればミントを添える。

ヨーグルトをかけるとさわやか

ばあちゃんの教え

煮汁250㎖をあたためてゼラチン5gを溶かし、カットした桃のコンポートとともに器に入れて冷やせば、桃のゼリーの完成！

煮汁をかけながら
煮ることで味を含めます

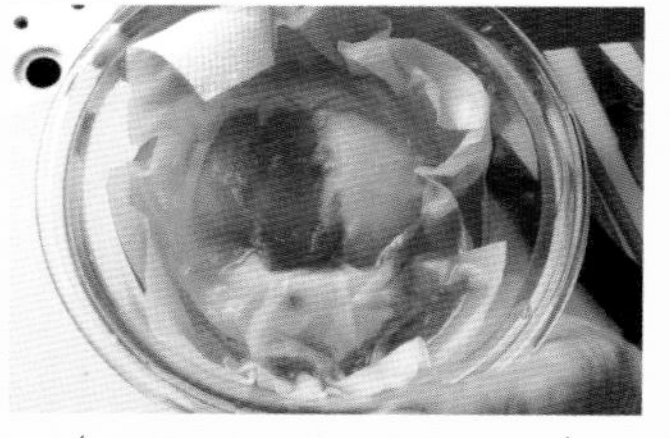

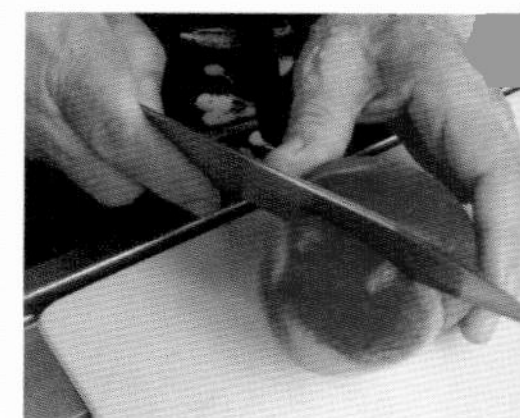

ペーパーをかぶせて
煮汁を行き渡らせて

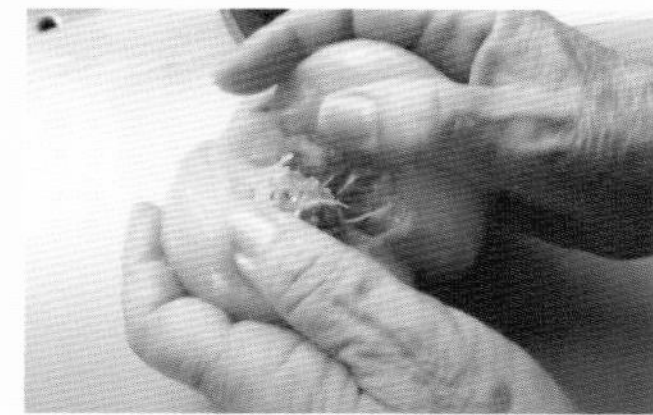
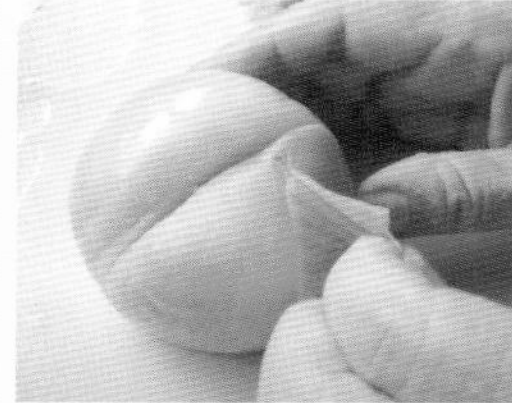

手でも皮が
つるんとむけます

ばあちゃんの料理教室

ブログ	https://hakuraidou.com/blog/sns/
YouTube	https://www.youtube.com/@hakuraidou
Tik Tok	grandma_cooking_recipes

Instagram　@hakuraidou ➔

ハクライドウHP

https://www.hakuraidou.co.jp

伊達潮美
だて・しおみ

長崎県在住。昭和23年熊本県玉名市に生まれ、看護学校卒業後、看護師として約10年働く。
結婚後、夫の家業のため長崎県に移り住み、
2人の子どもを育てながら家業である健康食品会社ハクライドウを支える。
2019年、病気で倒れたことをきっかけに、
リハビリ目的で息子 高広とブログによる料理配信を始める。
広く反響を呼び、『ばあちゃんの料理教室』として、
今ではInstagram、TikTok、YouTubeでも
多くのフォロワーさんの支持を集め、SNSフォロワー数52万人超え！
Humans of YouTube Japan（日本の47都道府県で活躍する
YouTubeクリエイター選出）101人のうちの一人に選ばれ、
日本のメディア（新聞・TV）、台湾や韓国のWEBメディアの取材を受けるなど注目されている。

staff

アートディレクション	中村圭介［ナカムラグラフ］
ブックデザイン	藤田佳奈　平田 賞 ［ナカムラグラフ］
カバー・巻頭・扉撮影	神林 環
イラスト	羅久井ハナ
協力	伊達雅孝　伊達高広
取材・文	野田りえ
編集	中野桜子
編集デスク	樋口 健　北川編子（光文社）
撮影協力	土井農場　https://kanbiton.jp

ばあちゃんの料理教室
伝え続けたい「美味しっ！」のバトン

2023年1月30日　初版第1刷発行

著　者	伊達潮美
発行者	三宅貴久
発行所	株式会社　光文社 〒112-8011東京都文京区音羽1-16-6
電話	編集部03-5395-8172
書籍販売部	03-5395-8116
業務部	03-5395-8125
メール	non@kobunsha.com 落丁本・乱丁本は業務部へ ご連絡くだされればお取り替えいたします。
組版	堀内印刷
印刷所	堀内印刷
製本所	ナショナル製本

ISBN978-4-334-95354-6